KB192948

츰부다라니

우리출판사

츰부다라니

사경의 목적

사경은 경전의 뜻을 보다 깊이 이해하려는 목적도 있지만, 부처님의 말씀을 옮겨 쓰는 경건한 수행을 통해 자기의 신심信心과 원력을 부처님의 말씀과 일체화시켜서 신앙의 힘을 키워나가는데 더 큰 목적이 있다.

조용히 호흡을 가다듬고 부처님의 말씀을 마음으로 되새기며, 정신을 집중하여 사경에 임하다 보면 자신도 모르는 사이에 사경삼매에 들게 된다. 또한 심신心身이 청정해져 부처님의 마음과 통하게 되니, 부처님의 지혜의 빛과 자비광명이 우리의 마음속 깊이 스며들어 온다.

그러면 몸과 마음이 안락과 행복을 느끼면서 내 주변의 모든 존재에 대한 자비심이 일어나니, 사경의 공덕은 이렇듯 그 자리에서 이익을 가져온다.

사경하는 마음

경전에 표기된 글자는 단순한 문자가 아니라 부처님께서 깨달은 진리라는 상징성을 갖고 있다. 경전의 글자 하나하나가 중생구제를 서원하신 부처님의 마음이며, 중생을 진리의 길로 인도하는 지침인 것이다.

예로부터 사경을 하며 1자3배의 정성을 기울인 것도 경전의 한 글자 한 글자에 부처님이 함께하신다고 생각했기 때문이다. 사경이 수행인 동시에 기도의 일환으로 불자들에게 널리 행해지는 까닭이 여기에 있다.

사경은 부처님의 가르침과 함께하는 시간이며 부처님과 함께하는 시간이다. 부처님의 말씀을 가슴으로 받아들이고 마음으로 찬탄하며 진실로 기쁘게 환희로워야 하는 시간인 것이다.

따라서 사경은 가장 청정한 마음으로 임해야 한다.

사경의 공덕

❈ 마음이 안정되고 평화로워져 미소가 떠나질 않는다.

❈ 부처님을 믿는 마음이 더욱 굳건해진다.

❈ 번뇌 망상, 어리석은 마음이 사라지고 지혜가 증장한다.

❈ 생업이 더욱 번창한다.

❈ 좋은 인연을 만나고 착한 선과가 날로 더해진다.

❈ 업장이 소멸되며 소원한 바가 반드시 이루어진다.

❈ 불보살님과 천지신명이 보호해 주신다.

❈ 각종 질환이나 재난, 구설수 등 현실의 고苦를 소멸시킨다.

❈ 선망조상이 왕생극락하고 원결 맺은 다겁생의 영가들이
   이고득락離苦得樂한다.

❈ 가정이 화목하고 자손들의 앞길이 밝게 열린다.

사경하는 절차

1. 몸을 깨끗이 하고 옷차림을 단정히 한다.

2. 사경할 준비를 갖춘다.(사경상, 좌복, 필기도구 등)

3. 삼배 후, 의식문이 있으면 의식문을 염송한다.

4. 좌복 위에 단정히 앉아 마음을 고요히 한다.
   (잠시 입정하면 더욱 좋다.)

5. 붓이나 펜으로 한 자 한 자 정성스럽게 사경을 시작한다.

6. 사경이 끝나면 사경 발원문을 염송한다.

7. 삼배로 의식을 마친다.

◆ 기도를 더 하고 싶을 때에는 사경이 끝난 뒤, 경전 독송이나
   108배 참회기도, 또는 그날 사경한 내용을 참구하는 명상 시간을
   갖는 것도 좋다.

◆ 사경에 사용하는 붓이나 펜은 사경 이외의 다른 용도에 사용하지
   않도록 한다.

◆ 완성된 사경은 집안에서 가장 정갈한 곳(혹은 높은 곳)에 보관하거나,
   경건하게 소각시킨다.

발 원 문

년   월   일

츰부다라니

츰부 츰부 츰츰부 아가셔츰부 바결랍츰
부 암발랍츰부 비라츰부 발졀랍츰부 아
루가츰부 담뭐츰부 살더뭐츰부 살더닐하
뭐츰부 비바루가 찰뭐츰부 우뭐셤뭐츰부
내여나츰부 빌랄여삼므디랄나츰부 찰나
츰부 비실바리여츰부 셔살더랄바츰부 비
어자수재 맘히리 담미 셤미 잡결랍시 잡
결랍뭐 스리 치리 시리 결랄뭐빌러발랄
디 히리 벌랄비 뭘랄저러니달니 혈랄달
니 뭐러 져 져 져 져 히리 미리 이결타
탑기 탑규루 탈리 탈리 미리 뭐대 더대
구리 미리 앙규즈더비 얼리 기리 뭐러기
리 규차셤믜리 징기 둔기 둔규리 후루 후
루 후루 규루 술두미리 미리디 미리대
뷘자더 허러 히리 후루 후루루

츰부다라니

츰부 츰부 츰츰부 아가셔츰부 바결랍츰
부 암발랍츰부 비라츰부 발절랍츰부 아
루가츰부 담뭐츰부 살더뭐츰부 살더닐하
뭐츰부 비바루가 찰뭐츰부 우뭐셤뭐츰부
내여나츰부 뷜랄여삼므디랄나츰부 찰나
츰부 비실바리여츰부 셔살더랄바츰부 비
어자수재 맘히리 담미 셤미 잡결랍시 잡
결랍뭐 스리 치리 시리 결랄뭐뷜러발랄
디 히리 벌랄비 뭘랄저러니달니 헐랄달
니 뭐러 져 져 져 져 히리 미리 이결타
탑기 탑규루 탈리 탈리 미리 뭐대 더대
구리 미리 앙규즈더비 얼리 기리 뭐러기
리 규차셤믜리 징기 둔기 둔규리 후루 후
루 후루 규루 술두미리 미리디 미리대
뷘자더 허러 히리 후루 후루루

츰부다라니

츰부 츰부 츰츰부 아가셔츰부 바결랍츰
부 암발랍츰부 비라츰부 발졀랍츰부 아
루가츰부 담붜츰부 살더붜츰부 살더닐하
붜츰부 비바루가 찰붜츰부 우붜셤붜츰부
내여나츰부 뷜랄여삼므디랄나츰부 찰나
츰부 비실바리여츰부 셔살더랄바츰부 비
어자수재 맘히리 담미 셤미 잡결랍시 잡
결랍붜 스리 치리 시리 결랄붜뷜러발랄
디 히리 벌랄비 뷜랄저러니달니 혈랄달
니 붜러 져 져 져 져 히리 미리 이결타
탑기 탑규루 탈리 탈리 미리 붜대 더대
구리 미리 앙규즈더비 얼리 기리 붜러기
리 규차셤믜리 징기 둔기 둔규리 후루 후
루 후루 규루 슬두미리 미리디 미리대
뷘자더 허러 히리 후루 후루루

츰부다라니

츰부 츰부 츰츰부 아가셔츰부 바결랍츰
부 암발랍츰부 비라츰부 발절랍츰부 아
루가츰부 담뭐츰부 살더뭐츰부 살더닐하
뭐츰부 비바루가 찰뭐츰부 우뭐셤뭐츰부
내여나츰부 뭘랄여삼므디랄나츰부 찰나
츰부 비실바리여츰부 셔살더랄바츰부 비
어자수재 맘히리 담미 셤미 잡결랍시 잡
결랍뭐 스리 치리 시리 결랄뭐빌러발랄
디 히리 벌랄비 뭘랄저러니달니 헐랄달
니 뭐러 져 져 져 져 히리 미리 이결타
탑기 탑규루 탈리 탈리 미리 뭐대 더대
구리 미리 앙규즈더비 얼리 기리 뭐러기
리 규차셤믜리 징기 둔기 둔규리 후루 후
루 후루 규루 술두미리 미릐디 미리대
뷘자더 허러 히리 후루 후루루

츰부다라니

츰부 츰부 츰츰부 아가셔츰부 바결랍츰
부 암발랍츰부 비라츰부 발결랍츰부 아
루가츰부 담뭐츰부 살더뭐츰부 살더닐하
뭐츰부 비바루가 찰뭐츰부 우뭐셤뭐츰부
내여나츰부 뭘랄여삼므디랄나츰부 찰나
츰부 비실바리여츰부 셔살더랄바츰부 비
어자수재 맘히리 담미 셤미 잡결랍시 잡
결랍뭐 스리 치리 시리 결랄뭐뭘러발랄
디 히리 벌랄비 뭘랄저러니달니 헐랄달
니 뭐러 져 져 져 져 히리 미리 이결타
탑기 탑규루 탈리 탈리 미리 뭐대 더대
구리 미리 앙규즈더비 열리 기리 뭐러기
리 규차셤믜리 징기 둔기 둔규리 후루 후
루 후루 규루 술두미리 미리디 미리대
뷘자더 허러 히리 후루 후루루

츰부다라니

츰부 츰부 츰츰부 아가셔츰부 바결랍츰
부 암발랍츰부 비라츰부 발졀랍츰부 아
루가츰부 담붜츰부 살더붜츰부 살더닐하
붜츰부 비바루가 찰붜츰부 우붜셤붜츰부
내여나츰부 뷜랄여삼므디랄나츰부 찰나
츰부 비실바리여츰부 셔살더랄바츰부 비
어자수재 맘히리 담미 셤미 잡결랍시 잡
결랍붜 스리 치리 시리 결랄붜뷜러발랄
디 히리 벌랄비 뮐랄져러니달니 헐랄달
니 붜러 져 져 져 져 히리 미리 이결타
탑기 탑규루 탈리 탈리 미리 붜대 더대
구리 미리 앙규즈더비 얼리 기리 붜러기
리 규차셥믜리 징기 둔기 둔규리 후루 후
루 후루 규루 슬두미리 미리디 미리대
뷘자더 허러 히리 후루 후루루

츰부다라니

츰부 츰부 츰츰부 아가셔츰부 바결랍츰
부 암발랍츰부 비라츰부 발졀랍츰부 아
루가츰부 담붜츰부 살더붜츰부 살더닐하
붜츰부 비바루가 찰붜츰부 우붜셤붜츰부
내여나츰부 붤랄여삼므디랄나츰부 찰나
츰부 비실바리여츰부 셔살더랄바츰부 비
어자수재 맘히리 담미 셤미 잡결랍시 잡
결랍붜 스리 치리 시리 결랄붜붤러발랄
디 히리 벌랄비 붤랄져러니달니 헐랄달
니 붜러 져 져 져 져 히리 미리 이결타
탑기 탑규루 탈리 탈리 미리 붜대 더대
구리 미리 앙규즈더비 얼리 기리 붜러기
리 규차셥믜리 징기 둔기 둔규리 후루 후
루 후루 규루 슬두미리 미리디 미리대
붠자더 허러 히리 후루 후루루

츰부다라니

츰부 츰부 츰츰부 아가셔츰부 바결랍츰
부 암발랍츰부 비라츰부 발절랍츰부 아
루가츰부 담뭐츰부 살더뭐츰부 살더닐하
뭐츰부 비바루가 찰뭐츰부 우뭐셥뭐츰부
내여나츰부 뷜랄여삼므디랄나츰부 찰나
츰부 비실바리여츰부 셔살더랄바츰부 비
어자수재 맘히리 담미 셥미 잡결랍시 잡
결랍뭐 스리 치리 시리 결랄뭐뷜러발랄
디 히리 벌랄비 뷜랄저러니달니 헐랄달
니 뭐러 져 져 져 져 히리 미리 이결타
탑기 탑규루 탈리 탈리 미리 뭐대 더대
구리 미리 앙규즈더비 얼리 기리 뭐러기
리 규차셥믜리 징기 둔기 둔규리 후루 후
루 후루 규루 슬두미리 미리디 미리대
뷘자더 허러 히리 후루 후루루

츰부다라니

츰부 츰부 츰츰부 아가셔츰부 바결랍츰
부 암발랍츰부 비라츰부 발졀랍츰부 아
루가츰부 담뭐츰부 살더뭐츰부 살더닐하
뭐츰부 비바루가 찰뭐츰부 우뭐셥뭐츰부
내여나츰부 뭘랄여삼므디랄나츰부 찰니
츰부 비실바리여츰부 셔살더랄바츰부 비
어자수재 맘히리 담미 셥미 잡결랍시 잡
결랍뭐 스리 치리 시리 결랄뭐벌러발랄
디 히리 벌랄비 뭘랄저러니달니 헐랄달
니 뭐러 져 져 져 져 히리 미리 이결타
탑기 탑규루 탈리 탈리 미리 뭐대 더대
구리 미리 앙규즈더비 열리 기리 뭐러기
리 규차셥믜리 징기 둔기 둔규리 후루 후
루 후루 규루 술두미리 미리디 미리대
뷘자더 허러 히리 후루 후루루

츰부다라니

츰부 츰부 츰츰부 아가셔츰부 바결랍츰
부 암발랍츰부 비라츰부 발졀랍츰부 아
루가츰부 담뭐츰부 살더뭐츰부 살더닐하
뭐츰부 비바루가 찰뭐츰부 우뭐셤뭐츰부
내여나츰부 뷜랄여삼므디랄나츰부 찰나
츰부 비실바리여츰부 셔살더랄바츰부 비
어자수재 맘히리 담미 셤미 잡결랍시 잡
결랍뭐 스리 치리 시리 결랄뭐뷜러발랄
디 히리 벌랄비 뭘랄져러니달니 혈랄달
니 뭐러 져 져 져 져 히리 미리 이결타
탑기 탑규루 탈리 탈리 미리 뭐대 더대
구리 미리 앙규즈더비 얼리 기리 뭐러기
리 규차셥믜리 징기 둔기 둔규리 후루 후
루 후루 규루 술두미리 미리디 미리대
뷘자더 허러 히리 후루 후루루

츰부다라니

츰부 츰부 츰츰부 아가셔츰부 바결랍츰
부 암발랍츰부 비라츰부 발졀랍츰부 아
루가츰부 담뭐츰부 살더뭐츰부 살더닐하
뭐츰부 비바루가 찰뭐츰부 우뭐셤뭐츰부
내여나츰부 뷜랄여삼므디랄나츰부 찰나
츰부 비실바리여츰부 셔살더랄바츰부 비
어자수재 맘히리 담미 셤미 잡결랍시 잡
결랍뭐 스리 치리 시리 결랄뭐뷜러발랄
디 히리 벌랄비 뷜랄져러니달니 혈랄달
니 뭐러 져 져 져 져 히리 미리 이결타
탑기 탑규루 탈리 탈리 미리 뭐대 더대
구리 미리 앙규즈더비 얼리 기리 뭐러기
리 규차셤믜리 징기 둔기 둔규리 후루 후
루 후루 규루 술두미리 미리디 미리대
뷘자더 허러 히리 후루 후루루

츰부다라니

츰부 츰부 츰츰부 아가셔츰부 바결랍츰
부 암발랍츰부 비라츰부 발절랍츰부 아
루가츰부 담붜츰부 살더붜츰부 살더닐하
붜츰부 비바루가 찰붜츰부 우붜셤붜츰부
내여나츰부 뷜랄여삼므디랄나츰부 찰나
츰부 비실바리여츰부 셔살더랄바츰부 비
어자수재 맘히리 담미 셤미 잡결랍시 잡
결랍붜 스리 치리 시리 결랄붜뷜러발랄
디 히리 벌랄비 뷜랄저러니달니 헐랄달
니 붜러 져 져 져 져 히리 미리 이결타
탑기 탑규루 탈리 탈리 미리 붜대 더대
구리 미리 앙규즈더비 얼리 기리 붜러기
리 규차섬미리 징기 둔기 둔규리 후루 후
루 후루 규루 슬두미리 미리디 미리대
뷘자더 허러 히리 후루 후루루

츰부다라니

츰부 츰부 츰츰부 아가셔츰부 바결랍츰부 암발랍츰부 비라츰부 발졀랍츰부 아루가츰부 담뭐츰부 살더뭐츰부 살더닐하뭐츰부 비바루가 찰뭐츰부 우뭐셥뭐츰부 내여나츰부 뷜랄여삼므디랄나츰부 찰나츰부 비실바리여츰부 셔살더랄바츰부 비어자수재 맘히리 담미 셥미 잡결랍시 잡결랍뭐 스리 치리 시리 결랄뭐뷜러발랄디 히리 벌랄비 뭘랄저러니달니 헐랄달니 뭐러 져 져 져 져 히리 미리 이결타탑기 탑규루 탈리 탈리 미리 뭐대 더대 구리 미리 앙규즈더비 얼리 기리 뭐러기리 규차셥믜리 징기 둔기 둔규리 후루 후루 후루 규루 술두미리 미리디 미리대뷘자더 허러 히리 후루 후루루

츰부다라니

츰부 츰부 츰츰부 아가셔츰부 바결랍츰
부 암발랍츰부 비라츰부 발졀랍츰부 아
루가츰부 담뭐츰부 살더뭐츰부 살더닐하
뭐츰부 비바루가 찰뭐츰부 우뭐셤뭐츰부
내여나츰부 뷜랄여삼므디랄나츰부 찰나
츰부 비실바리여츰부 셔살더랄바츰부 비
어자수재 맘히리 담미 셤미 잡결랍시 잡
결랍뭐 스리 치리 시리 결랄뭐뷜러발랄
디 히리 벌랄비 뷜랄져러니달니 혈랄달
니 뭐러 져 져 져 져 히리 미리 이결타
탑기 탑규루 탈리 탈리 미리 뭐대 더대
구리 미리 앙규즈더비 얼리 기리 뭐러기
리 규차셤믜리 징기 둔기 둔규리 후루 후
루 후루 규루 술두미리 미리디 미리대
뷘자더 허러 히리 후루 후루루

츰부다라니

츰부 츰부 츰츰부 아가셔츰부 바결랍츰
부 암발랍츰부 비라츰부 발절랍츰부 아
루가츰부 담뭐츰부 살더뭐츰부 살더닐하
뭐츰부 비바루가 찰뭐츰부 우뭐셥뭐츰부
내여나츰부 뿔랄여삼므디랄나츰부 찰나
츰부 비실바리여츰부 셔살더랄바츰부 비
어자수재 맘히리 담미 셥미 잡결랍시 잡
결랍뭐 스리 치리 시리 결랄뭐뿔러발랄
디 히리 벌랄비 뿔랄저러니달니 헐랄달
니 뭐러 져 져 져 져 히리 미리 이결타
탑기 탑규루 탈리 탈리 미리 뭐대 더대
구리 미리 앙규즈더비 얼리 기리 뭐러기
리 규차셥믜리 징기 둔기 둔규리 후루 후
루 후루 규루 술두미리 미리디 미리대
뷘자더 허러 히리 후루 후루루

츰부다라니

츰부 츰부 츰츰부 아가셔츰부 바결랍츰
부 암발랍츰부 비라츰부 발절랍츰부 아
루가츰부 담뭐츰부 살더뭐츰부 살더닐하
뭐츰부 비바루가 찰뭐츰부 우뭐셤뭐츰부
내여나츰부 뷜랄여삼므디랄나츰부 찰나
츰부 비실바리여츰부 셔살더랄바츰부 비
어자수재 맘히리 담미 셤미 잡결랍시 잡
결랍뭐 스리 치리 시리 결랄뭐뷜러발랄
디 히리 벌랄비 뭘랄저러니달니 혈랄달
니 뭐러 져 져 져 져 히리 미리 이결타
탑기 탑규루 탈리 탈리 미리 뭐대 더대
구리 미리 앙규즈더비 얼리 기리 뭐러기
리 규차셤믜리 징기 둔기 둔규리 후루 후
루 후루 규루 술두미리 미리디 미리대
뷘자더 허러 히리 후루 후루루

츰부다라니

츰부 츰부 츰츰부 아가셔츰부 바결랍츰
부 암발랍츰부 비라츰부 발졀랍츰부 아
루가츰부 담뭐츰부 살더뭐츰부 살더닐하
뭐츰부 비바루가 찰뭐츰부 우뭐섬뭐츰부
내여나츰부 뷜랄여삼므디랄나츰부 찰나
츰부 비실바리여츰부 셔살더랄바츰부 비
어자수재 맘히리 담미 섬미 잡결랍시 잡
결랍뭐 스리 치리 시리 결랄뭐뷜러발랄
디 히리 벌랄비 뭘랄저러니달니 헐랄달
니 뭐러 져 져 져 져 히리 미리 이결타
탑기 탑규루 탈리 탈리 미리 뭐대 더대
구리 미리 앙규즈더비 얼리 기리 뭐러기
리 규차섭믜리 징기 둔기 둔규리 후루 후
루 후루 규루 술두미리 미리디 미리대
뷘자더 허러 히리 후루 후루루

츰부다라니

츰부 츰부 츰츰부 아가셔츰부 바결랍츰
부 암발랍츰부 비라츰부 발절랍츰부 아
루가츰부 담뭐츰부 살더뭐츰부 살더닐하
뭐츰부 비바루가 찰뭐츰부 우뭐섬뭐츰부
내여니츰부 뷜랄여삼므디랄나츰부 찰나
츰부 비실바리여츰부 셔살더랄바츰부 비
어자수재 맘히리 담미 셤미 잡결랍시 잡
결랍뭐 스리 치리 시리 결랄뭐뷜러발랄
디 히리 벌랄비 뷜랄져러니달니 혈랄달
니 뭐러 져 져 져 져 히리 미리 이결타
탑기 탑규루 탈리 탈리 미리 뭐대 더대
구리 미리 앙규즈더비 얼리 기리 뭐러기
리 규차섭믜리 징기 둔기 둔규리 후루 후
루 후루 규루 술두미리 미리디 미리대
뷘자더 허러 히리 후루 후루루

츰부다라니

츰부 츰부 츰츰부 아가셔츰부 바결랍츰
부 암발랍츰부 비라츰부 발절랍츰부 아
루가츰부 담뭐츰부 살더뭐츰부 살더닐하
뭐츰부 비바루가 찰뭐츰부 우뭐셤뭐츰부
내여나츰부 뭘랄여삼므디랄나츰부 찰나
츰부 비실바리여츰부 셔살더랄바츰부 비
어자수재 맘히리 담미 셤미 잡결랍시 잡
결랍뭐 스리 치리 시리 결랄뭐빌러발랄
디 히리 벌랄비 뭘랄저러니달니 헐랄달
니 뭐러 져 져 져 져 히리 미리 이결타
탑기 탑규루 탈리 탈리 미리 뭐대 더대
구리 미리 앙규즈더비 얼리 기리 뭐러기
리 규차셥믜리 징기 둔기 둔규리 후루 후
루 후루 규루 술두미리 미리디 미리대
뷘자더 허러 히리 후루 후루루

츰부다라니

츰부 츰부 츰츰부 아가셔츰부 바결랍츰
부 암발랍츰부 비라츰부 발졀랍츰부 아
루가츰부 담뭐츰부 살더뭐츰부 살더닐하
뭐츰부 비바루가 찰뭐츰부 우뭐셤뭐츰부
내여나츰부 뤌랄여삼므디랄나츰부 찰나
츰부 비실바리여츰부 셔살더랄바츰부 비
어자수재 맘히리 담미 셤미 잡결랍시 잡
결랍뭐 스리 치리 시리 결랄뭐뷜러발랄
디 히리 벌랄비 뤌랄저러니달니 헐랄달
니 뭐러 져 져 져 져 히리 미리 이결타
탑기 탑규루 탈리 탈리 미리 뭐대 더대
구리 미리 앙규즈더비 얼리 기리 뭐러기
리 규차셤미리 징기 둔기 둔규리 후루 후
루 후루 규루 술두미리 미리디 미리대
뷘자더 허러 히리 후루 후루루

츰부다라니

츰부 츰부 츰츰부 아가셔츰부 바결랍츰
부 암발랍츰부 비라츰부 발졀랍츰부 아
루가츰부 담뭐츰부 살더뭐츰부 살더닐하
뭐츰부 비바루가 찰뭐츰부 우뭐셤뭐츰부
내여니츰부 뷜랄여삼므디랄나츰부 찰나
츰부 비실바리여츰부 셔살더랄바츰부 비
어자수재 맘히리 담미 셤미 잡결랍시 잡
결랍뭐 스리 치리 시리 결랄뭐뷜러발랄
디 히리 벌랄비 뷜랄져러니달니 헐랄달
니 뭐러 져 져 져 져 히리 미리 이결타
탑기 탑규루 탈리 탈리 미리 뭐대 더대
구리 미리 앙규즈더비 얼리 기리 뭐러기
리 규차셤믜리 징기 둔기 둔규리 후루 후
루 후루 규루 술두미리 미리디 미리대
뷘자더 허러 히리 후루 후루루

츰부다라니

츰부 츰부 츰츰부 아가셔츰부 바결랍츰
부 암발랍츰부 비라츰부 발절랍츰부 아
루가츰부 담붜츰부 살더붜츰부 살더닐하
붜츰부 비바루가 찰붜츰부 우붜셤붜츰부
내여나츰부 뭘랄여삼므디랄나츰부 찰나
츰부 비실바리여츰부 셔살더랄바츰부 비
어자수재 맘히리 담미 셤미 잡결랍시 잡
결랍붜 스리 치리 시리 결랄붜뷜러발랄
디 히리 벌랄비 뭘랄져러니달니 혈랄달
니 붜러 져 져 져 져 히리 미리 이결타
탑기 탑규루 탈리 탈리 미리 붜대 더대
구리 미리 앙규즈더비 얼리 기리 붜러기
리 규차셤믜리 징기 둔기 둔규리 후루 후
루 후루 규루 슬두미리 미리디 미리대
붠자더 허러 히리 후루 후루루

츰부다라니

츰부 츰부 츰츰부 아가셔츰부 바결랍츰
부 암발랍츰부 비라츰부 발졀랍츰부 아
루가츰부 담뭐츰부 살더뭐츰부 살더닐하
뭐츰부 비바루가 찰뭐츰부 우뭐셥뭐츰부
내여나츰부 뷜랄여삼므디랄나츰부 찰나
츰부 비실바리여츰부 셔살더랄바츰부 비
어자수재 맘히리 담미 셥미 잡결랍시 잡
결랍뭐 스리 치리 시리 결랄뭐뷜러발랄
디 히리 벌랄비 뮐랄저러니달니 혈랄달
니 뭐러 져 져 져 져 히리 미리 이결타
탑기 탑규루 탈리 탈리 미리 뭐대 더대
구리 미리 앙규즈더비 얼리 기리 뭐러기
리 규차셥믜리 징기 둔기 둔규리 후루 후
루 후루 규루 술두미리 미리디 미리대
뷘자더 허러 히리 후루 후루루

츰부다라니

츰부 츰부 츰츰부 아가셔츰부 바결랍츰
부 암발랍츰부 비라츰부 발절랍츰부 아
루가츰부 담뭐츰부 살더뭐츰부 살더닐하
뭐츰부 비바루가 찰뭐츰부 우뭐셤뭐츰부
내여나츰부 뷜랄여삼므디랄나츰부 찰나
츰부 비실바리여츰부 셔살더랄바츰부 비
어자수재 맘히리 담미 셤미 잡결랍시 잡
결랍뭐 스리 치리 시리 결랄뭐뷜러발랄
디 히리 벌랄비 뷜랄저러니달니 헐랄달
니 뭐러 져 져 져 져 히리 미리 이결타
탑기 탑규루 탈리 탈리 미리 뭐대 더대
구리 미리 앙규즈더비 얼리 기리 뭐러기
리 규차셤믜리 징기 둔기 둔규리 후루 후
루 후루 규루 슐두미리 미리디 미리대
뷘자더 허러 히리 후루 후루루

츰부다라니

츰부 츰부 츰츰부 아가셔츰부 바곌랍츰
부 암발랍츰부 비라츰부 발젤랍츰부 아
루가츰부 담뭐츰부 살더뭐츰부 살더닐하
뭐츰부 비바루가 찰뭐츰부 우뭐셤뭐츰부
내여나츰부 뭘랄여삼므디랄나츰부 찰나
츰부 비실바리여츰부 셔살더랄바츰부 비
어자수재 맘히리 담미 셤미 잡곌랍시 잡
곌랍뭐 스리 치리 시리 곌랄뭐빌러발랄
디 히리 벌랄비 뭘랄저러니달니 헐랄달
니 뭐러 져 져 져 져 히리 미리 이곌타
탑기 탑규루 탈리 탈리 미리 뭐대 더대
구리 미리 앙규즈더비 얼리 기리 뭐러기
리 규차셤믜리 징기 둔기 둔규리 후루 후
루 후루 규루 슬두미리 미리디 미리대
뷘자더 허러 히리 후루 후루루

츰부다라니

츰부 츰부 츰츰부 아가셔츰부 바결랍츰
부 암발랍츰부 비라츰부 발졀랍츰부 아
루가츰부 담뭐츰부 살더뭐츰부 살더닐하
뭐츰부 비바루가 찰뭐츰부 우뭐셤뭐츰부
내여나츰부 뭘랄여삼므디랄나츰부 찰나
츰부 비실바리여츰부 셔살더랄바츰부 비
어자수재 맘히리 담미 셤미 잡결랍시 잡
결랍뭐 스리 치리 시리 결랄뭐뷜러발랄
디 히리 벌랄비 뭘랄저러니달니 혈랄달
니 뭐러 져 져 져 져 히리 미리 이결타
탑기 탑규루 탈리 탈리 미리 뭐대 더대
구리 미리 앙규즈더비 얼리 기리 뭐러기
리 규차셥믜리 징기 둔기 둔규리 후루 후
루 후루 규루 슬두미리 미리디 미리대
뷘자더 허러 히리 후루 후루루

춈부다라니

춈부 춈부 춈춈부 아가셔춈부 바결랍춈
부 암발랍춈부 비라춈부 발절랍춈부 아
루가춈부 담뭐춈부 살더뭐춈부 살더닐하
뭐춈부 비바루가 찰뭐춈부 우뭐셤뭐춈부
내여나춈부 뷜랄여삼므디랄나춈부 찰나
춈부 비실바리여춈부 셔살더랄바춈부 비
어자수재 맘히리 담미 셤미 잡결랍시 잡
결랍뭐 스리 치리 시리 결랄뭐뷜러발랄
디 히리 벌랄비 뭘랄저러니달니 헐랄달
니 뭐러 져 져 져 져 히리 미리 이결타
탑기 탑규루 탈리 탈리 미리 뭐대 더대
구리 미리 앙규즈더비 얼리 기리 뭐러기
리 규차셤믜리 징기 둔기 둔규리 후루 후
루 후루 규루 술두미리 미리디 미리대
뷘자더 허러 히리 후루 후루루

츰부다라니

츰부 츰부 츰츰부 아가셔츰부 바결랍츰
부 암발랍츰부 비라츰부 발젿랍츰부 아
루가츰부 담뭐츰부 살더뭐츰부 살더닐하
뭐츰부 비바루가 찰뭐츰부 우뭐셤뭐츰부
내여니츰부 뷜랄여삼므디랄니츰부 찰나
츰부 비실바리여츰부 셔살더랄바츰부 비
어자수재 맘히리 담미 셤미 잡결랍시 잡
결랍뭐 스리 치리 시리 결랄뭐뷜러발랄
디 히리 벌랄비 뮐랄저러니달니 헐랄달
니 뭐러 져 져 져 져 히리 미리 이결타
탑기 탑규루 탈리 탈리 미리 뭐대 더대
구리 미리 앙규즈더비 얼리 기리 뭐러기
리 규차셤미리 징기 둔기 둔규리 후루 후
루 후루 규루 슐두미리 미리디 미리대
뷘자더 허러 히리 후루 후루루

츰부다라니

츰부 츰부 츰츰부 아가셔츰부 바결랍츰
부 암발랍츰부 비라츰부 발졀랍츰부 아
루가츰부 담뭐츰부 살더뭐츰부 살더닐하
뭐츰부 비바루가 찰뭐츰부 우뭐셤뭐츰부
내여나츰부 뷜랄여삼므디랄나츰부 찰나
츰부 비실바리여츰부 셔살더랄바츰부 비
어자수재 맘히리 담미 셤미 잡결랍시 잡
결랍뭐 스리 치리 시리 결랄뭐뷜러발랄
디 히리 벌랄비 뷜랄져러니달니 헐랄달
니 뭐러 져 져 져 져 히리 미리 이결타
탑기 탑규루 탈리 탈리 미리 뭐대 더대
구리 미리 앙규즈더비 얼리 기리 뭐러기
리 규차셤미리 징기 둔기 둔규리 후루 후
루 후루 규루 술두미리 미리디 미리대
뷘자더 허러 히리 후루 후루루

츰부다라니

츰부 츰부 츰츰부 아가셔츰부 바결랍츰
부 암발랍츰부 비라츰부 발젿랍츰부 아
루가츰부 담붜츰부 살더붜츰부 살더닐하
붜츰부 비바루가 찰붜츰부 우붜셤붜츰부
내여나츰부 뷜랄여삼므디랄나츰부 찰나
츰부 비실바리여츰부 셔살더랄바츰부 비
어자수재 맘히리 담미 셤미 잡결랍시 잡
결랍붜 스리 치리 시리 결랄붜뷜러발랄
디 히리 벌랄비 뭘랄저러니달니 헐랄달
니 붜러 져 져 져 져 히리 미리 이결타
탑기 탑규루 탈리 탈리 미리 붜대 더대
구리 미리 앙규즈더비 얼리 기리 붜러기
리 규차셤믜리 징기 둔기 둔규리 후루 후
루 후루 규루 술두미리 미리디 미리대
뷘자더 허러 히리 후루 후루루

츰부다라니

츰부 츰부 츰츰부 아가셔츰부 바결랍츰
부 암발랍츰부 비라츰부 발졀랍츰부 아
루가츰부 담뭐츰부 살더뭐츰부 살더닐하
뭐츰부 비바루가 찰뭐츰부 우뭐셤뭐츰부
내여나츰부 뷜랄여삼므디랄나츰부 찰나
츰부 비실바리여츰부 셔살더랄바츰부 비
어자수재 맘히리 담미 셤미 잡결랍시 잡
결랍뭐 스리 치리 시리 결랄뭐뷜러발랄
디 히리 벌랄비 뷜랄져러니달니 헐랄달
니 뭐러 져 져 져 져 히리 미리 이결타
탑기 탑규루 탈리 탈리 미리 뭐대 더대
구리 미리 앙규즈더비 얼리 기리 뭐러기
리 규차셤믜리 징기 둔기 둔규리 후루 후
루 후루 규루 슬두미리 미리디 미리대
뷘자더 허러 히리 후루 후루루

츰부다라니

츰부 츰부 츰츰부 아가셔츰부 바결람츰
부 암발랍츰부 비라츰부 발졀랍츰부 아
루가츰부 담뭐츰부 살더뭐츰부 살더닐하
뭐츰부 비바루가 찰뭐츰부 우뭐셥뭐츰부
내여나츰부 뷜랄여삼므디랄나츰부 찰나
츰부 비실바리여츰부 셔살더랄바츰부 비
어자수재 맘히리 담미 셥미 잡결람시 잡
결람뭐 스리 치리 시리 결랄뭐뷜러발랄
디 히리 벌랄비 뭘랄저러니달니 헐랄달
니 뭐러 져 져 져 져 히리 미리 이결타
탑기 탑규루 탈리 탈리 미리 뭐대 더대
구리 미리 앙규즈더비 얼리 기리 뭐러기
리 규차셥믜리 징기 둔기 둔규리 후루 후
루 후루 규루 슬두미리 미리디 미리대
뷘자더 허러 히리 후루 후루루

츰부다라니

츰부 츰부 츰츰부 아가셔츰부 바결랍츰
부 암발랍츰부 비라츰부 발졀랍츰부 아
루가츰부 담뭐츰부 살더뭐츰부 살더닐하
뭐츰부 비바루가 찰뭐츰부 우뭐셥뭐츰부
내여나츰부 뷜랄여삼므디랄나츰부 찰나
츰부 비실바리여츰부 셔살더랄바츰부 비
어자수재 맘히리 담미 셥미 잡결랍시 잡
결랍뭐 스리 치리 시리 결랄뭐뷜러발랄
디 히리 벌랄비 뮐랄저러니달니 혈랄달
니 뭐러 져 져 져 져 히리 미리 이결타
탑기 탑규루 탈리 탈리 미리 뭐대 더대
구리 미리 앙규즈더비 얼리 기리 뭐러기
리 규차셥믜리 징기 둔기 둔규리 후루 후
루 후루 규루 술두미리 미리디 미리대
뷘자더 허러 히리 후루 후루루

츰부다라니

츰부 츰부 츰츰부 아가셔츰부 바결랍츰
부 암발랍츰부 비라츰부 발절랍츰부 아
루가츰부 담뭐츰부 살더뭐츰부 살더닐하
뭐츰부 비바루가 찰뭐츰부 우뭐셤뭐츰부
내여나츰부 뭘랄여삼므디랄나츰부 찰나
츰부 비실바리여츰부 셔살더랄바츰부 비
어자수재 맘히리 담미 셤미 잡결랍시 잡
결랍뭐 스리 치리 시리 결랄뭐뭘러발랄
디 히리 벌랄비 뭘랄져러니달니 헐랄달
니 뭐러 져 져 져 져 히리 미리 이결타
탑기 탑규루 탈리 탈리 미리 뭐대 더대
구리 미리 앙규즈더비 얼리 기리 뭐러기
리 규차셤믜리 징기 둔기 둔규리 후루 후
루 후루 규루 술두미리 미리디 미리대
뭔자더 허러 히리 후루 후루루

츰부다라니

츰부 츰부 츰츰부 아가셔츰부 바졀랍츰
부 암발랍츰부 비라츰부 발졀랍츰부 아
루가츰부 담뭐츰부 살더뭐츰부 살더닐하
뭐츰부 비바루가 찰뭐츰부 우뭐셤뭐츰부
내여나츰부 뷜랄여삼므디랄나츰부 찰나
츰부 비실바리여츰부 셔살더랄바츰부 비
어자수재 맘히리 담미 셤미 잡결랍시 잡
결랍뭐 스리 치리 시리 결랄뭐뷜러발랄
디 히리 벌랄비 뭘랄저러니달니 헐랄달
니 뭐러 져 져 져 져 히리 미리 이결타
탑기 탑규루 탈리 탈리 미리 뭐대 더대
구리 미리 앙규즈더비 얼리 기리 뭐러기
리 규차셥믜리 징기 둔기 둔규리 후루 후
루 후루 규루 술두미리 미리디 미리대
뷘자더 허러 히리 후루 후루루

츰부다라니

츰부 츰부 츰츰부 아가셔츰부 바결랍츰
부 암발랍츰부 비라츰부 발졀랍츰부 아
루가츰부 담뭐츰부 살더뭐츰부 살더닐하
뭐츰부 비바루가 찰뭐츰부 우뭐셤뭐츰부
내여나츰부 뭘랄여삼므디랄나츰부 찰나
츰부 비실바리여츰부 셔살더랄바츰부 비
어자수재 맘히리 담미 셤미 잡결랍시 잡
결랍뭐 스리 치리 시리 결랄뭐뭘러발랄
디 히리 벌랄비 뭘랄저러니달니 헐랄달
니 뭐러 져 져 져 져 히리 미리 이결타
탑기 탑규루 탈리 탈리 미리 뭐대 더대
구리 미리 앙규즈더비 얼리 기리 뭐러기
리 규차셤믜리 징기 둔기 둔규리 후루 후
루 후루 규루 슬두미리 미리디 미리대
뷘자더 허러 히리 후루 후루루

춈부다라니

춈부 춈부 춈춈부 아가셔춈부 바결랍춈
부 암발랍춈부 비라춈부 발절랍춈부 아
루가춈부 담붜춈부 살더붜춈부 살더닐하
붜춈부 비바루가 찰붜춈부 우붜셤붜춈부
내여나춈부 뭘랄여삼므디랄나춈부 찰나
춈부 비실바리여춈부 셔살더랄바춈부 비
어자수재 맘히리 담미 셤미 잡결랍시 잡
결랍붜 스리 치리 시리 결랄붜뷜러발랄
디 히리 벌랄비 뭘랄저러니달니 헐랄달
니 붜러 져 져 져 져 히리 미리 이결타
탑기 탑규루 탈리 탈리 미리 붜대 더대
구리 미리 앙규즈더비 얼리 기리 붜러기
리 규차셥믜리 징기 둔기 둔규리 후루 후
루 후루 규루 슬두미리 미리디 미리대
뷘자더 허러 히리 후루 후루루

츰부다라니

츰부 츰부 츰츰부 아가셔츰부 바결랍츰
부 암발랍츰부 비라츰부 발절랍츰부 아
루가츰부 담붜츰부 살더붜츰부 살더닐하
붜츰부 비바루가 찰붜츰부 우붜셤붜츰부
내여나츰부 뷜랄여삼므디랄나츰부 찰나
츰부 비실바리여츰부 셔살더랄바츰부 비
어자수재 맘히리 담미 셤미 잡결랍시 잡
결랍붜 스리 치리 시리 결랄붜뷜러발랄
디 히리 벌랄비 뷜랄저러니달니 헐랄달
니 붜러 져 져 져 져 히리 미리 이결타
탑기 탑규루 탈리 탈리 미리 붜대 더대
구리 미리 앙규즈더비 얼리 기리 붜러기
리 규차셤믜리 징기 둔기 둔규리 후루 후
루 후루 규루 슬두미리 미리디 미리대
뷘자더 허러 히리 후루 후루루

츰부다라니

츰부 츰부 츰츰부 아가셔츰부 바결랍츰
부 암발랍츰부 비라츰부 발졀랍츰부 아
루가츰부 담뭐츰부 살더뭐츰부 살더닐하
뭐츰부 비바루가 찰뭐츰부 우뭐셤뭐츰부
내여나츰부 뷜랄여삼므디랄나츰부 찰나
츰부 비실바리여츰부 셔살더랄바츰부 비
어자수재 맘히리 담미 셤미 잡결랍시 잡
결랍뭐 스리 치리 시리 결랄뭐뷜러발랄
디 히리 벌랄비 뭘랄저러니달니 혈랄달
니 뭐러 져 져 져 져 히리 미리 이결타
탑기 탑규루 탈리 탈리 미리 뭐대 더대
구리 미리 앙규즈더비 얼리 기리 뭐러기
리 규차셤믜리 징기 둔기 둔규리 후루 후
루 후루 규루 술두미리 미리디 미리대
뷘자더 허러 히리 후루 후루루

츰부다라니

츰부 츰부 츰츰부 아가셔츰부 바결랍츰
부 암발랍츰부 비라츰부 발절랍츰부 아
루가츰부 담뭐츰부 살더뭐츰부 살더닐하
뭐츰부 비바루가 찰뭐츰부 우뭐셤뭐츰부
내여니츰부 뷜랄여삼므디랄나츰부 찰나
츰부 비실바리여츰부 셔살더랄바츰부 비
어자수재 맘히리 담미 셤미 잡결랍시 잡
결랍뭐 스리 치리 시리 결랄뭐뷜러발랄
디 히리 벌랄비 뮐랄저러니달니 혈랄달
니 뭐러 져 져 져 져 히리 미리 이결타
탑기 탑규루 탈리 탈리 미리 뭐대 더대
구리 미리 앙규즈더비 얼리 기리 뭐러기
리 규차섬믜리 징기 둔기 둔규리 후루 후
루 후루 규루 슐두미리 미리디 미리대
뷘자더 허러 히리 후루 후루루

츰부다라니

츰부 츰부 츰츰부 아가셔츰부 바결랍츰
부 암발랍츰부 비라츰부 발결랍츰부 아
루가츰부 담뭐츰부 살더뭐츰부 살더닐하
뭐츰부 비바루가 찰뭐츰부 우뭐셤뭐츰부
내여나츰부 뷜랄여삼므디랄나츰부 찰나
츰부 비실바리여츰부 셔살더랄바츰부 비
어자수재 맘히리 담미 셤미 잡결랍시 잡
결랍뭐 스리 치리 시리 결랄뭐빌러발랄
디 히리 벌랄비 뷜랄저러니달니 헐랄달
니 뭐러 져 져 져 져 히리 미리 이결타
탑기 탑규루 탈리 탈리 미리 뭐대 더대
구리 미리 앙규즈더비 열리 기리 뭐러기
리 규차섭믜리 징기 둔기 둔규리 후루 후
루 후루 규루 슬두미리 미리디 미리대
뷘자더 허러 히리 후루 후루루

츰부다라니

츰부 츰부 츰츰부 아가셔츰부 바곌랍츰
부 암발랍츰부 비라츰부 발곌랍츰부 아
루가츰부 담뭐츰부 살더뭐츰부 살더닐하
뭐츰부 비바루가 찰뭐츰부 우뭐셥뭐츰부
내여나츰부 뷜랄여삼므디랄나츰부 찰나
츰부 비실바리여츰부 셔살더랄바츰부 비
어자수재 맘히리 담미 셥미 잡곌랍시 잡
곌랍뭐 스리 치리 시리 곌랄뭐뷜러발랄
디 히리 벌랄비 뮐랄저러니달니 헐랄달
니 뭐러 져 져 져 져 히리 미리 이곌타
탑기 탑규루 탈리 탈리 미리 뭐대 더대
구리 미리 앙규즈더비 얼리 기리 뭐러기
리 규차셥믜리 징기 둔기 둔규리 후루 후
루 후루 규루 슬두미리 미리디 미리대
뷘자더 허러 히리 후루 후루루

사
경
본

50

츰부다라니

츰부 츰부 츰츰부 아가셔츰부 바결랍츰
부 암발랍츰부 비라츰부 발졀랍츰부 아
루가츰부 담뭐츰부 살더뭐츰부 살더닐하
뭐츰부 비바루가 찰뭐츰부 우뭐셤뭐츰부
내여나츰부 뷜랄여삼므디랄나츰부 찰나
츰부 비실바리여츰부 셔살더랄바츰부 비
어자수재 맘히리 담미 셤미 잡결랍시 잡
결랍뭐 스리 치리 시리 결랄뭐뷜러발랄
디 히리 벌랄비 뷜랄져러니달니 혈랄달
니 뭐러 져 져 져 져 히리 미리 이결타
탑기 탑규루 탈리 탈리 미리 뭐대 더대
구리 미리 앙규즈더비 얼리 기리 뭐러기
리 규차셤믜리 징기 둔기 둔규리 후루 후
루 후루 규루 슐두미리 미리디 미리대
뷘자더 허러 히리 후루 후루루

츰부다라니

츰부 츰부 츰츰부 아가셔츰부 바결랍츰
부 암발랍츰부 비라츰부 발절랍츰부 아
루가츰부 담뭐츰부 살더뭐츰부 살더닐하
뭐츰부 비바루가 찰뭐츰부 우뭐섬뭐츰부
내여나츰부 뷜랄여삼므디랄나츰부 찰나
츰부 비실바리여츰부 셔살더랄바츰부 비
어자수재 맘히리 담미 섬미 잡결랍시 잡
결랍뭐 스리 치리 시리 결랄뭐뷜러발랄
디 히리 벌랄비 뷜랄저러니달니 헐랄달
니 뭐러 져 져 져 져 히리 미리 이결타
탑기 탑규루 탈리 탈리 미리 뭐대 더대
구리 미리 앙규즈더비 얼리 기리 뭐러기
리 규차섬미리 징기 둔기 둔규리 후루 후
루 후루 규루 술두미리 미리디 미리대
뷘자더 허러 히리 후루 후루루

츰부다라니

츰부 츰부 츰츰부 아가셔츰부 바결랍츰
부 암발랍츰부 비라츰부 발졀랍츰부 아
루가츰부 담뭐츰부 살더뭐츰부 살더닐하
뭐츰부 비바루가 찰뭐츰부 우뭐셤뭐츰부
내여나츰부 뷜랄여삼므디랄나츰부 찰나
츰부 비실바리여츰부 셔살더랄바츰부 비
어자수재 맘히리 담미 셤미 잡결랍시 잡
결랍뭐 스리 치리 시리 결랄뭐뷜러발랄
디 히리 벌랄비 뷜랄져러니달니 혈랄달
니 뭐러 져 져 져 져 히리 미리 이결타
탑기 탑규루 탈리 탈리 미리 뭐대 더대
구리 미리 앙규즈더비 얼리 기리 뭐러기
리 규차셤미리 징기 둔기 둔규리 후루 후
루 후루 규루 슐두미리 미리디 미리대
뷘자더 허러 히리 후루 후루루

츰부다라니

츰부 츰부 츰츰부 아가셔츰부 바결랍츰
부 암발랍츰부 비라츰부 발졀랍츰부 아
루가츰부 담뭐츰부 살더뭐츰부 살더닐하
뭐츰부 비바루가 찰뭐츰부 우뭐셤뭐츰부
내여나츰부 뷜랄여삼므디랄나츰부 찰나
츰부 비실바리여츰부 셔살더랄바츰부 비
어자수재 맘히리 담미 셤미 잡결랍시 잡
결랍뭐 스리 치리 시리 결랄뭐뷜러발랄
디 히리 벌랄비 뷜랄져러니달니 헐랄달
니 뭐러 져 져 져 져 히리 미리 이결타
탑기 탑규루 탈리 탈리 미리 뭐대 더대
구리 미리 앙규즈더비 얼리 기리 뭐러기
리 규차셤믜리 징기 둔기 둔규리 후루 후
루 후루 규루 슐두미리 미리디 미리대
뷘자더 허러 히리 후루 후루루

츰부다라니

츰부 츰부 츰츰부 아가셔츰부 바결랍츰
부 암발랍츰부 비라츰부 발졀랍츰부 아
루가츰부 담뭐츰부 살더뭐츰부 살더닐하
뭐츰부 비바루가 찰뭐츰부 우뭐셤뭐츰부
내여나츰부 뷜랄여삼므디랄나츰부 찰나
츰부 비실바리여츰부 셔살더랄바츰부 비
어자수재 맘히리 담미 셤미 잡결랍시 잡
결랍뭐 스리 치리 시리 결랄뭐뷜러발랄
디 히리 벌랄비 뷜랄져러니달니 헐랄달
니 뭐러 져 져 져 져 히리 미리 이결타
탑기 탑규루 탈리 탈리 미리 뭐대 더대
구리 미리 앙규즈더비 얼리 기리 뭐러기
리 규차셤믜리 징기 둔기 둔규리 후루 후
루 후루 규루 슬두미리 미리디 미리대
뷘자더 허러 히리 후루 후루루

츰부다라니

츰부 츰부 츰츰부 아가셔츰부 바결랍츰
부 암발랍츰부 비라츰부 발졀랍츰부 아
루가츰부 담뭐츰부 살더뭐츰부 살더닐하
뭐츰부 비바루가 찰뭐츰부 우뭐셤뭐츰부
내여나츰부 뭘랄여삼므디랄나츰부 찰나
츰부 비실바리여츰부 셔살더랄바츰부 비
어자수재 맘히리 담미 셤미 잡결랍시 잡
결랍뭐 스리 치리 시리 결랄뭐뷜러발랄
디 히리 벌랄비 뭘랄져러니달니 헐랄달
니 뭐러 져 져 져 져 히리 미리 이결타
탑기 탑규루 탈리 탈리 미리 뭐대 더대
구리 미리 앙규즈더비 얼리 기리 뭐러기
리 규차셤믜리 징기 둔기 둔규리 후루 후
루 후루 규루 슐두미리 미리디 미리대
뭔자더 허러 히리 후루 후루루

츰부다라니

츰부 츰부 츰츰부 아가셔츰부 바결랍츰
부 암발랍츰부 비라츰부 발졀랍츰부 아
루가츰부 담뭐츰부 살더뭐츰부 살더닐하
뭐츰부 비바루가 찰뭐츰부 우뭐셤뭐츰부
내여니츰부 뷜랄여삼므디랄나츰부 찰나
츰부 비실바리여츰부 셔살더랄바츰부 비
어자수재 맘히리 담미 셤미 잡결랍시 잡
결랍뭐 스리 치리 시리 결랄뭐뷜러발랄
디 히리 벌랄비 뭘랄저러니달니 헐랄달
니 뭐러 져 져 져 져 히리 미리 이결타
탑기 탑규루 탈리 탈리 미리 뭐대 더대
구리 미리 앙규즈더비 얼리 기리 뭐러기
리 규차셤믜리 징기 둔기 둔규리 후루 후
루 후루 규루 술두미리 미리디 미리대
뷘자더 허러 히리 후루 후루루

츰부다라니

츰부 츰부 츰츰부 아가셔츰부 바결랍츰
부 암발랍츰부 비라츰부 발졀랍츰부 아
루가츰부 담붜츰부 살더붜츰부 살더닐하
붜츰부 비바루가 찰붜츰부 우붜셤붜츰부
내여나츰부 뷜랄여삼므디랄나츰부 찰나
츰부 비실바리여츰부 셔살더랄바츰부 비
어자수재 맘히리 담미 셤미 잡결랍시 잡
결랍붜 스리 치리 시리 결랄붜뷜러발랄
디 히리 벌랄비 뮐랄저러니달니 혈랄달
니 붜러 져 져 져 져 히리 미리 이결타
탑기 탑규루 탈리 탈리 미리 붜대 더대
구리 미리 앙규즈더비 얼리 기리 붜러기
리 규차셤믜리 징기 둔기 둔규리 후루 후
루 후루 규루 술두미리 미리디 미리대
뷘자더 허러 히리 후루 후루루

츰부다라니

츰부 츰부 츰츰부 아가셔츰부 바결랍츰
부 암발랍츰부 비라츰부 발결랍츰부 아
루가츰부 담뭐츰부 살더뭐츰부 살더닐하
뭐츰부 비바루가 찰뭐츰부 우뭐섭뭐츰부
내여나츰부 뷜랄여삼므디랄나츰부 찰니
츰부 비실바리여츰부 셔살더랄바츰부 비
어자수재 맘히리 담미 섭미 잡결랍시 잡
결랍뭐 스리 치리 시리 결랄뭐뷜러발랄
디 히리 벌랄비 뷜랄저러니달니 헐랄달
니 뭐러 져 져 져 져 히리 미리 이결타
탑기 탑규루 탈리 탈리 미리 뭐대 더대
구리 미리 앙규즈더비 얼리 기리 뭐러기
리 규차섭믜리 징기 둔기 둔규리 후루 후
루 후루 규루 슬두미리 미리디 미리대
뷘자더 허러 히리 후루 후루루

춈부다라니

춈부 춈부 춈춈부 아가셔춈부 바결람춈
부 암발랍춈부 비라춈부 발젤랍춈부 아
루가춈부 담뭐춈부 살더뭐춈부 살더닐하
뭐춈부 비바루가 찰뭐춈부 우뭐셤뭐춈부
내여나춈부 뷜랄여삼므디랄나춈부 찰나
춈부 비실바리여춈부 셔살더랄바춈부 비
어자수재 맘히리 담미 셤미 잡결랍시 잡
결랍뭐 스리 치리 시리 결랄뭐뷜러발랄
디 히리 벌랄비 뷜랄저러니달니 혈랄달
니 뭐러 져 져 져 져 히리 미리 이결타
탑기 탑규루 탈리 탈리 미리 뭐대 더대
구리 미리 앙규즈더비 얼리 기리 뭐러기
리 규차셤미리 징기 둔기 둔규리 후루 후
루 후루 규루 술두미리 미리디 미리대
뷘자더 허러 히리 후루 후루루

츰부다라니

츰부 츰부 츰츰부 아가셔츰부 바결랍츰
부 암발랍츰부 비라츰부 발졀랍츰부 아
루가츰부 담뭐츰부 살더뭐츰부 살더닐하
뭐츰부 비바루가 찰뭐츰부 우뭐셥뭐츰부
내여나츰부 뮐랄여삼므디랄나츰부 찰니
츰부 비실바리여츰부 셔살더랄바츰부 비
어자수재 맘히리 담미 셥미 잡결랍시 잡
결랍뭐 스리 치리 시리 결랄뭐뷜러발랄
디 히리 벌랄비 뮐랄저러니달니 헐랄달
니 뭐러 져 져 져 져 히리 미리 이결타
탑기 탑규루 탈리 탈리 미리 뭐대 더대
구리 미리 앙규즈더비 얼리 기리 뭐러기
리 규차셥믜리 징기 둔기 둔규리 후루 후
루 후루 규루 술두미리 미리디 미리대
뷘자더 허러 히리 후루 후루루

츰부다라니

츰부 츰부 츰츰부 아가셔츰부 바결랍츰
부 암발랍츰부 비리츰부 발졀랍츰부 아
루가츰부 담뭐츰부 살더뭐츰부 살더닐하
뭐츰부 비바루가 찰뭐츰부 우뭐셥뭐츰부
내여나츰부 뷜랄여삼므디랄나츰부 찰나
츰부 비실바리여츰부 셔살더랄바츰부 비
어자수재 맘히리 담미 셥미 잡결랍시 잡
결랍뭐 스리 치리 시리 결랄뭐뷜러발랄
디 히리 벌랄비 뷜랄저러니달니 헐랄달
니 뭐러 져 져 져 져 히리 미리 이결타
탑기 탑규루 탈리 탈리 미리 뭐대 더대
구리 미리 앙규즈더비 얼리 기리 뭐러기
리 규차섭믜리 징기 둔기 둔규리 후루 후
루 후루 규루 슬두미리 미리디 미리대
뷘자더 허러 히리 후루 후루루

츰부다라니

츰부 츰부 츰츰부 아가셔츰부 바결랍츰
부 암발랍츰부 비라츰부 발졀랍츰부 아
루가츰부 담붜츰부 살더붜츰부 살더닐하
붜츰부 비바루가 찰붜츰부 우붜셤붜츰부
내여나츰부 벌랄여삼므디랄나츰부 찰나
츰부 비실바리여츰부 셔살더랄바츰부 비
어자수재 맘히리 담미 셤미 잡결랍시 잡
결랍붜 스리 치리 시리 결랄붜벌러발랄
디 히리 벌랄비 뭘랄저러니달니 혈랄달
니 붜러 져 져 져 져 히리 미리 이결타
탑기 탑규루 탈리 탈리 미리 붜대 더대
구리 미리 앙규즈더비 얼리 기리 붜러기
리 규차셥믜리 징기 둔기 둔규리 후루 후
루 후루 규루 술두미리 미리디 미리대
뷘자더 허러 히리 후루 후루루

츰부다라니

츰부 츰부 츰츰부 아가셔츰부 바결랍츰
부 암발랍츰부 비라츰부 발졀랍츰부 아
루가츰부 담붜츰부 살더붜츰부 살더닐하
붜츰부 비바루가 찰붜츰부 우붜셥붜츰부
내여나츰부 뷜랄여삼므디랄나츰부 찰나
츰부 비실바리여츰부 셔살더랄바츰부 비
어자수재 맘히리 담미 셥미 잡결랍시 잡
결랍붜 스리 치리 시리 결랄붜뷜러발랄
디 히리 벌랄비 뷜랄져러니달니 혈랄달
니 붜러 져 져 져 져 히리 미리 이결타
탑기 탑규루 탈리 탈리 미리 붜대 더대
구리 미리 앙규즈더비 얼리 기리 붜러기
리 규차셥미리 징기 둔기 둔규리 후루 후
루 후루 규루 슐두미리 미리디 미리대
뷘자더 허러 히리 후루 후루루

츰부다라니

츰부 츰부 츰츰부 아가셔츰부 바결랍츰
부 암발랍츰부 비라츰부 발졀랍츰부 아
루가츰부 담뭐츰부 살더뭐츰부 살더닐하
뭐츰부 비바루가 찰뭐츰부 우뭐셥뭐츰부
내여나츰부 뷜랄여삼므디랄나츰부 찰나
츰부 비실바리여츰부 셔살더랄바츰부 비
어자수재 맘히리 담미 셥미 잡결랍시 잡
결랍뭐 스리 치리 시리 결랄뭐뷜러발랄
디 히리 벌랄비 뭘랄저러니달니 헐랄달
니 뭐러 져 져 져 져 히리 미리 이결타
탑기 탑규루 탈리 탈리 미리 뭐대 더대
구리 미리 앙규즈더비 얼리 기리 뭐러기
리 규차셥믜리 징기 둔기 둔규리 후루 후
루 후루 규루 슬두미리 미리디 미리대
뷘자더 허러 히리 후루 후루루

츰부다라니

츰부 츰부 츰츰부 아가셔츰부 바결랍츰
부 암발랍츰부 비라츰부 발졀랍츰부 아
루가츰부 담붜츰부 살더붜츰부 살더닐하
붜츰부 비바루가 찰붜츰부 우붜셤붜츰부
내여나츰부 뷜랄여삼므디랄나츰부 찰니
츰부 비실바리여츰부 셔살더랄바츰부 비
어자수재 맘히리 담미 셤미 잡결랍시 잡
결랍붜 스리 치리 시리 결랄붜뷜러발랄
디 히리 벌랄비 뭘랄져러니달니 헐랄달
니 붜러 져 져 져 져 히리 미리 이결타
탑기 탑규루 탈리 탈리 미리 붜대 더대
구리 미리 앙규즈더비 얼리 기리 붜러기
리 규차셥믜리 징기 둔기 둔규리 후루 후
루 후루 규루 슬두미리 미리디 미리대
뷘자더 허러 히리 후루 후루루

츰부다라니

츰부 츰부 츰츰부 아가셔츰부 바결랍츰
부 암발랍츰부 비라츰부 발젿랍츰부 아
루가츰부 담뭐츰부 살더뭐츰부 살더닐하
뭐츰부 비바루가 찰뭐츰부 우뭐셤뭐츰부
내여나츰부 뷜랄여삼므디랄나츰부 찰나
츰부 비실바리여츰부 셔살더랄바츰부 비
어자수재 맘히리 담미 셤미 잡결랍시 잡
결랍뭐 스리 치리 시리 결랄뭐뷜러발랄
디 히리 벌랄비 뷜랄저러니달니 헐랄달
니 뭐러 져 져 져 져 히리 미리 이결타
탑기 탑규루 탈리 탈리 미리 뭐대 더대
구리 미리 앙규즈더비 얼리 기리 뭐러기
리 규차셤믜리 징기 둔기 둔규리 후루 후
루 후루 규루 술두미리 미리디 미리대
뷘자더 허러 히리 후루 후루루

츰부다라니

츰부 츰부 츰츰부 아가셔츰부 바결랍츰
부 암발랍츰부 비라츰부 발절랍츰부 아
루가츰부 담뭐츰부 살더뭐츰부 살더닐하
뭐츰부 비바루가 찰뭐츰부 우뭐셤뭐츰부
내여나츰부 뷜랄여삼므디랄나츰부 찰나
츰부 비실바리여츰부 셔살더랄바츰부 비
어자수재 맘히리 담미 셤미 잡결랍시 잡
결랍뭐 스리 치리 시리 결랄뭐뷜러발랄
디 히리 벌랄비 뷜랄저러니달니 혈랄달
니 뭐러 져 져 져 져 히리 미리 이결타
탑기 탑규루 탈리 탈리 미리 뭐대 더대
구리 미리 앙규즈더비 얼리 기리 뭐러기
리 규차셤미리 징기 둔기 둔규리 후루 후
루 후루 규루 술두미리 미리디 미리대
뷘자더 허러 히리 후루 후루루

츰부다라니

츰부 츰부 츰츰부 아가셔츰부 바결랍츰
부 암발랍츰부 비라츰부 발졀랍츰부 아
루가츰부 담뭐츰부 살더뭐츰부 살더닐하
뭐츰부 비바루가 찰뭐츰부 우뭐셤뭐츰부
내여나츰부 뷜랄여삼므디랄나츰부 찰나
츰부 비실바리여츰부 셔살더랄바츰부 비
어자수재 맘히리 담미 셤미 잡결랍시 잡
결랍뭐 스리 치리 시리 결랄뭐뷜러발랄
디 히리 벌랄비 뭘랄저러니달니 혈랄달
니 뭐러 져 져 져 져 히리 미리 이결타
탑기 탑규루 탈리 탈리 미리 뭐대 더대
구리 미리 앙규즈더비 얼리 기리 뭐러기
리 규차셤믜리 징기 둔기 둔규리 후루 후
루 후루 규루 술두미리 미리디 미리대
뷘자더 허러 히리 후루 후루루

츰부다라니

츰부 츰부 츰츰부 아가셔츰부 바결랍츰
부 암발랍츰부 비라츰부 발졀랍츰부 아
루가츰부 담붜츰부 살더붜츰부 살더닐하
붜츰부 비바루가 찰붜츰부 우붜셥붜츰부
내여나츰부 뷜랄여삼므디랄나츰부 찰나
츰부 비실바리여츰부 셔살더랄바츰부 비
어자수재 맘히리 담미 셤미 잡결랍시 잡
결랍붜 스리 치리 시리 결랄붜뷜러발랄
디 히리 벌랄비 뭘랄져러니달니 헐랄달
니 붜러 져 져 져 져 히리 미리 이결타
탑기 탑규루 탈리 탈리 미리 붜대 더대
구리 미리 앙규즈더비 열리 기리 붜러기
리 규차셥믜리 징기 둔기 둔규리 후루 후
루 후루 규루 술두미리 미릐디 미리대
뷘자더 허러 히리 후루 후루루

츰부다라니

츰부 츰부 츰츰부 아가셔츰부 바결랍츰
부 암발랍츰부 비라츰부 발절랍츰부 아
루가츰부 담뭐츰부 살더뭐츰부 살더닐하
뭐츰부 비바루가 찰뭐츰부 우뭐셤뭐츰부
내여나츰부 뷜랄여삼므디랄나츰부 찰나
츰부 비실바리여츰부 셔살더랄바츰부 비
어자수재 맘히리 담미 셤미 잡결랍시 잡
결랍뭐 스리 치리 시리 결랄뭐뷜러발랄
디 히리 벌랄비 뷜랄저러니달니 헐랄달
니 뭐러 져 져 져 져 히리 미리 이결타
탑기 탑규루 탈리 탈리 미리 뭐대 더대
구리 미리 앙규즈더비 얼리 기리 뭐러기
리 규차셤믜리 징기 둔기 둔규리 후루 후
루 후루 규루 슬두미리 미리디 미리대
뷘자더 허러 히리 후루 후루루

츰부다라니

츰부 츰부 츰츰부 아가셔츰부 바결랍츰
부 암발랍츰부 비라츰부 발절랍츰부 아
루가츰부 담뭐츰부 살더뭐츰부 살더닐하
뭐츰부 비바루가 찰뭐츰부 우뭐셤뭐츰부
내여나츰부 뮐랄여삼므디랄나츰부 찰나
츰부 비실바리여츰부 셔살더랄바츰부 비
어자수재 맘히리 담미 셤미 잡결랍시 잡
결랍뭐 스리 치리 시리 결랄뭐뮐러발랄
디 히리 벌랄비 뮐랄저러니달니 헐랄달
니 뭐러 져 져 져 져 히리 미리 이결타
탑기 탑규루 탈리 탈리 미리 뭐대 더대
구리 미리 앙규즈더비 얼리 기리 뭐러기
리 규차셤믜리 징기 둔기 둔규리 후루 후
루 후루 규루 슬두미리 미리디 미리대
뷘자더 허러 히리 후루 후루루

츰부다라니

츰부 츰부 츰츰부 아가셔츰부 바결랍츰
부 암발랍츰부 비라츰부 발졀랍츰부 아
루가츰부 담뭐츰부 살더뭐츰부 살더닐하
뭐츰부 비바루가 찰뭐츰부 우뭐셥뭐츰부
내여나츰부 뷜랄여삼므디랄나츰부 찰나
츰부 비실바리여츰부 셔살더랄바츰부 비
어자수재 맘히리 담미 셥미 잡결랍시 잡
결랍뭐 스리 치리 시리 결랄뭐뷜러발랄
디 히리 벌랄비 뭘랄져러니달니 헐랄달
니 뭐러 져 져 져 져 히리 미리 이결타
탑기 탑규루 탈리 탈리 미리 뭐대 더대
구리 미리 앙규즈더비 얼리 기리 뭐러기
리 규차셥믜리 징기 둔기 둔규리 후루 후
루 후루 규루 술두미리 미리디 미리대
뷘자더 허러 히리 후루 후루루

츰부다라니

츰부 츰부 츰츰부 아가셔츰부 바결랍츰
부 암발랍츰부 비라츰부 발졀랍츰부 아
루가츰부 담뭐츰부 살더뭐츰부 살더닐하
뭐츰부 비바루가 찰뭐츰부 우뭐셥뭐츰부
내여나츰부 빌랄여삼므디랄나츰부 찰니
츰부 비실바리여츰부 셔살더랄바츰부 비
어자수재 맘히리 담미 셥미 잡결랍시 잡
결랍뭐 스리 치리 시리 결랄뭐빌러발랄
디 히리 벌랄비 뭘랄져러니달니 헐랄달
니 뭐러 져 져 져 져 히리 미리 이결타
탑기 탑규루 탈리 탈리 미리 뭐대 더대
구리 미리 앙규즈더비 얼리 기리 뭐러기
리 규차셥믜리 징기 둔기 둔규리 후루 후
루 후루 규루 술두미리 미리디 미리대
뷘자더 허러 히리 후루 후루루

츰부다라니

츰부 츰부 츰츰부 아가셔츰부 바결랍츰
부 암발랍츰부 비라츰부 발절랍츰부 아
루가츰부 담뭐츰부 살더뭐츰부 살더닐하
뭐츰부 비바루가 찰뭐츰부 우뭐셤뭐츰부
내여나츰부 뷜랄여삼므디랄나츰부 찰나
츰부 비실바리여츰부 셔살더랄바츰부 비
어자수재 맘히리 담미 셤미 잡결랍시 잡
결랍뭐 스리 치리 시리 결랄뭐뷜러발랄
디 히리 벌랄비 뷜랄저러니달니 혈랄달
니 뭐러 져 져 져 져 히리 미리 이결타
탑기 탑규루 탈리 탈리 미리 뭐대 더대
구리 미리 앙규즈더비 얼리 기리 뭐러기
리 규차섬믜리 징기 둔기 둔규리 후루 후
루 후루 규루 술두미리 미리디 미리대
뷘자더 허러 히리 후루 후루루

츰부다라니

츰부 츰부 츰츰부 아가셔츰부 바결랍츰
부 암발랍츰부 비라츰부 발졀랍츰부 아
루가츰부 담뭐츰부 살더뭐츰부 살더닐하
뭐츰부 비바루가 찰뭐츰부 우뭐셤뭐츰부
내여나츰부 뷜랄여삼므디랄나츰부 찰나
츰부 비실바리여츰부 셔살더랄바츰부 비
어자수재 맘히리 담미 셤미 잡결랍시 잡
결랍뭐 스리 치리 시리 결랄뭐뷜러발랄
디 히리 벌랄비 뭘랄져러니달니 헐랄달
니 뭐러 져 져 져 져 히리 미리 이결타
탑기 탑규루 탈리 탈리 미리 뭐대 더대
구리 미리 앙규즈더비 얼리 기리 뭐러기
리 규차셤믜리 징기 둔기 둔규리 후루 후
루 후루 규루 술두미리 미리디 미리대
뷘자더 허러 히리 후루 후루루

츰부다라니

츰부 츰부 츰츰부 아가셔츰부 바결랍츰
부 암발랍츰부 비라츰부 발졀랍츰부 아
루가츰부 담뭐츰부 살더뭐츰부 살더닐하
뭐츰부 비바루가 찰뭐츰부 우뭐셤뭐츰부
내여나츰부 뷜랄여삼므디랄나츰부 찰나
츰부 비실바리여츰부 셔살더랄바츰부 비
어자수재 맘히리 담미 셤미 잡결랍시 잡
결랍뭐 스리 치리 시리 결랄뭐뷜러발랄
디 히리 벌랄비 뷜랄저러니달니 헐랄달
니 뭐러 져 져 져 져 히리 미리 이결타
탑기 탑규루 랄리 랄리 미리 뭐대 더대
구리 미리 앙규즈더비 얼리 기리 뭐러기
리 규차셥믜리 징기 둔기 둔규리 후루 후
루 후루 규루 슬두미리 미리디 미리대
뷘자더 허러 히리 후루 후루루

츰부다라니

츰부 츰부 츰츰부 아가셔츰부 바결랍츰
부 암발랍츰부 비라츰부 발졀랍츰부 아
루가츰부 담뭐츰부 살더뭐츰부 살더닐하
뭐츰부 비바루가 찰뭐츰부 우뭐셤뭐츰부
내여니츰부 뷜랄여삼므디랄니츰부 찰나
츰부 비실바리여츰부 셔살더랄바츰부 비
어자수재 맘히리 담미 셤미 잡결랍시 잡
결랍뭐 스리 치리 시리 결랄뭐빌러발랄
디 히리 벌랄비 뷜랄져러니달니 헐랄달
니 뭐러 져 져 져 져 히리 미리 이결타
탑기 탑규루 탈리 탈리 미리 뭐대 더대
구리 미리 앙규즈더비 얼리 기리 뭐러기
리 규차셤믜리 징기 둔기 둔규리 후루 후
루 후루 규루 슐두미리 미리디 미리대
뷘자더 허러 히리 후루 후루루

츰부다라니

츰부 츰부 츰츰부 아가셔츰부 바결랍츰
부 암발랍츰부 비라츰부 발결랍츰부 아
루가츰부 담뭐츰부 살더뭐츰부 살더닐하
뭐츰부 비바루가 찰뭐츰부 우뭐셤뭐츰부
내여나츰부 뭘랄여삼므디랄나츰부 찰나
츰부 비실바리여츰부 셔살더랄바츰부 비
어자수재 맘히리 담미 셤미 잡결랍시 잡
결랍뭐 스리 치리 시리 결랄뭐뷜러발랄
디 히리 벌랄비 뭘랄저러니달니 혈랄달
니 뭐러 져 져 져 져 히리 미리 이결타
탑기 탑규루 탈리 탈리 미리 뭐대 더대
구리 미리 앙규즈더비 얼리 기리 뭐러기
리 규차셤믜리 징기 둔기 둔규리 후루 후
루 후루 규루 술두미리 미리디 미리대
뷘자더 허러 히리 후루 후루루

츰부다라니

츰부 츰부 츰츰부 아가셔츰부 바결랍츰
부 암발랍츰부 비라츰부 발졀랍츰부 아
루가츰부 담뭐츰부 살더뭐츰부 살더닐하
뭐츰부 비바루가 찰뭐츰부 우뭐셤뭐츰부
내여나츰부 뭘랄여삼므디랄나츰부 찰나
츰부 비실바리여츰부 셔살더랄바츰부 비
어자수재 맘히리 담미 셤미 잡결랍시 잡
결랍뭐 스리 치리 시리 결랄뭐뭘러발랄
디 히리 벌랄비 뭘랄저러니달니 혈랄달
니 뭐러 져 져 져 져 히리 미리 이결타
탑기 탑규루 탈리 탈리 미리 뭐대 더대
구리 미리 앙규즈더비 얼리 기리 뭐러기
리 규차셤믜리 징기 둔기 둔규리 후루 후
루 후루 규루 슐두미리 미리디 미리대
뷘자더 허러 히리 후루 후루루

츰부다라니

츰부 츰부 츰츰부 아가셔츰부 바결랍츰
부 암발랍츰부 비라츰부 발절랍츰부 아
루가츰부 담뭐츰부 살더뭐츰부 살더닐하
뭐츰부 비바루가 찰뭐츰부 우뭐셥뭐츰부
내여나츰부 뷜랄여삼므디랄나츰부 찰나
츰부 비실바리여츰부 셔살더랄바츰부 비
어자수재 맘히리 담미 셥미 잡결랍시 잡
결랍뭐 스리 치리 시리 결랄뭐뷜러발랄
디 히리 벌랄비 뭘랄저러니달니 혈랄달
니 뭐러 져 져 져 져 히리 미리 이결타
탑기 탑규루 탈리 탈리 미리 뭐대 더대
구리 미리 앙규즈더비 얼리 기리 뭐러기
리 규차셥믜리 징기 둔기 둔규리 후루 후
루 후루 규루 술두미리 미리디 미리대
뷘자더 허러 히리 후루 후루루

츰부다라니

츰부 츰부 츰츰부 아가셔츰부 바결랍츰
부 암발랍츰부 비라츰부 발졀랍츰부 아
루가츰부 담뭐츰부 살더뭐츰부 살더닐하
뭐츰부 비바루가 찰뭐츰부 우뭐셤뭐츰부
내여나츰부 뷜랄여삼므디랄나츰부 찰나
츰부 비실바리여츰부 셔살더랄바츰부 비
어자수재 맘히리 담미 셤미 잡결랍시 잡
결랍뭐 스리 치리 시리 결랄뭐뷜러발랄
디 히리 벌랄비 뷜랄져러니달니 헐랄달
니 뭐러 져 져 져 져 히리 미리 이결타
탑기 탑규루 탈리 탈리 미리 뭐대 더대
구리 미리 앙규즈더비 얼리 기리 뭐러기
리 규차셤믜리 징기 둔기 둔규리 후루 후
루 후루 규루 슬두미리 미리디 미리대
뷘자더 허러 히리 후루 후루루

사경본
82

츰부다라니

츰부 츰부 츰츰부 아가셔츰부 바결랍츰
부 암발랍츰부 비리츰부 발졀랍츰부 아
루가츰부 담뭐츰부 살더뭐츰부 살더닐하
뭐츰부 비바루가 찰뭐츰부 우뭐셤뭐츰부
내여나츰부 뭘랄여삼므디랄나츰부 찰나
츰부 비실바리여츰부 셔살더랄바츰부 비
어자수재 맘히리 담미 셤미 잡결랍시 잡
결랍뭐 스리 치리 시리 결랄뭐뷜러발랄
디 히리 벌랄비 뭘랄져러니달니 혈랄달
니 뭐러 져 져 져 져 히리 미리 이결타
탑기 탑규루 탈리 탈리 미리 뭐대 더대
구리 미리 앙규즈더비 얼리 기리 뭐러기
리 규차셤믜리 징기 둔기 둔규리 후루 후
루 후루 규루 술두미리 미리디 미리대
뷘자더 허러 히리 후루 후루루

츰부다라니

츰부 츰부 츰츰부 아가셔츰부 바결랍츰
부 암발랍츰부 비라츰부 발절랍츰부 아
루가츰부 담뭐츰부 살더뭐츰부 살더닐하
뭐츰부 비바루가 찰뭐츰부 우뭐셤뭐츰부
내여나츰부 뷜랄여삼므디랄나츰부 찰나
츰부 비실바리여츰부 셔살더랄바츰부 비
어자수재 맘히리 담미 셤미 잡결랍시 잡
결랍뭐 스리 치리 시리 결랄뭐뷜러발랄
디 히리 벌랄비 뮐랄저러니달니 헐랄달
니 뭐러 져 져 져 져 히리 미리 이결타
탑기 탑규루 탈리 탈리 미리 뭐대 더대
구리 미리 앙규즈더비 얼리 기리 뭐러기
리 규차셤미리 징기 둔기 둔규리 후루 후
루 후루 규루 술두미리 미리디 미리대
뷘자더 허러 히리 후루 후루루

츰부다라니

츰부 츰부 츰츰부 아가셔츰부 바결랍츰
부 암발랍츰부 비라츰부 발젿랍츰부 아
루가츰부 담뭐츰부 살더뭐츰부 살더닐하
뭐츰부 비바루가 찰뭐츰부 우뭐셥뭐츰부
내여나츰부 뷜랄여삼므디랄나츰부 찰나
츰부 비실바리여츰부 셔살더랄바츰부 비
어자수재 맘히리 담미 셥미 잡결랍시 잡
결랍뭐 스리 치리 시리 결랄뭐뷜러발랄
디 히리 별랄비 뷜랄져러니달니 혈랄달
니 뭐러 져 져 져 져 히리 미리 이결타
탑기 탑규루 탈리 탈리 미리 뭐대 더대
구리 미리 앙규즈더비 얼리 기리 뭐러기
리 규차셥믜리 징기 둔기 둔규리 후루 후
루 후루 규루 술두미리 미리디 미리대
뷘자더 허러 히리 후루 후루루

츰부다라니

츰부 츰부 츰츰부 아가셔츰부 바결랍츰
부 암발랍츰부 비라츰부 발졀랍츰부 아
루가츰부 담뭐츰부 살더뭐츰부 살더닐하
뭐츰부 비바루가 찰뭐츰부 우뭐셤뭐츰부
내여나츰부 뷜랄여삼므디랄나츰부 찰나
츰부 비실바리여츰부 셔살더랄바츰부 비
어자수재 맘히리 담미 셤미 잡결랍시 잡
결랍뭐 스리 치리 시리 결랄뭐뷜러발랄
디 히리 벌랄비 뷜랄져러니달니 헐랄달
니 뭐러 져 져 져 져 히리 미리 이결타
탑기 탑규루 탈리 탈리 미리 뭐대 더대
구리 미리 앙규즈더비 얼리 기리 뭐러기
리 규차셤믜리 징기 둔기 둔규리 후루 후
루 후루 규루 슬두미리 미리디 미리대
뷘자더 허러 히리 후루 후루루

츰부다라니

츰부 츰부 츰츰부 아가셔츰부 바결람츰
부 암발랍츰부 비라츰부 발졀랍츰부 아
루가츰부 담붜츰부 살더붜츰부 살더닐하
붜츰부 비바루가 찰붜츰부 우붜셤붜츰부
내여나츰부 뷜랄여삼므디랄나츰부 찰나
츰부 비실바리여츰부 셔살더랄바츰부 비
어자수재 맘히리 담미 셤미 잡결람시 잡
결람붜 스리 치리 시리 결랄붜뷜러발랄
디 히리 벌랄비 뮐랄져러니달니 헐랄달
니 붜러 져 져 져 져 히리 미리 이결타
탑기 탑규루 탈리 탈리 미리 붜대 더대
구리 미리 앙규즈더비 얼리 기리 붜러기
리 규차셤믜리 징기 둥기 둔규리 후루 후
루 후루 규루 술두미리 미리디 미리대
뷘자더 허러 히리 후루 후루루

츔부다라니

츔부 츔부 츔츔부 아가셔츔부 바결랍츔
부 암발랍츔부 비라츔부 발절랍츔부 아
루가츔부 담뭐츔부 살더뭐츔부 살더닐하
뭐츔부 비바루가 찰뭐츔부 우뭐셥뭐츔부
내여나츔부 뷜랄여삼므디랄나츔부 찰나
츔부 비실바리여츔부 셔살더랄바츔부 비
어자수재 맘히리 담미 셥미 잡결랍시 잡
결랍뭐 스리 치리 시리 결랄뭐뷜러발랄
디 히리 벌랄비 뷜랄저러니달니 헐랄달
니 뭐러 져 져 져 져 히리 미리 이결타
탑기 탑규루 탈리 탈리 미리 뭐대 더대
구리 미리 앙규즈더비 얼리 기리 뭐러기
리 규차섭믜리 징기 둔기 둔규리 후루 후
루 후루 규루 슬두미리 미리디 미리대
뷘자더 허러 히리 후루 후루루

츰부다라니

츰부 츰부 츰츰부 아가셔츰부 바결랍츰
부 암발랍츰부 비라츰부 발졀랍츰부 아
루가츰부 담뭐츰부 살더뭐츰부 살더닐하
뭐츰부 비바루가 찰뭐츰부 우뭐셥뭐츰부
내여나츰부 뷜랄여삼므디랄나츰부 찰나
츰부 비실바리여츰부 셔살더랄바츰부 비
어자수재 맘히리 담미 셥미 잡결랍시 잡
결랍뭐 스리 치리 시리 결랄뭐뷜러발랄
디 히리 벌랄비 뷜랄저러니달니 헐랄달
니 뭐러 져 져 져 져 히리 미리 이결타
탑기 탑규루 탈리 탈리 미리 뭐대 더대
구리 미리 앙규즈더비 얼리 기리 뭐러기
리 규차셥믜리 징기 둔기 둔규리 후루 후
루 후루 규루 술두미리 미리디 미리대
뷘자더 허러 히리 후루 후루루

츰부다라니

츰부 츰부 츰츰부 아가셔츰부 바결랍츰
부 암발랍츰부 비라츰부 발졀랍츰부 아
루가츰부 담붜츰부 살더붜츰부 살더닐하
붜츰부 비바루가 찰붜츰부 우붜셥붜츰부
내여나츰부 뷜랄여삼므디랄나츰부 찰나
츰부 비실바리여츰부 셔살더랄바츰부 비
어자수재 맘히리 담미 셥미 잡결랍시 잡
결랍붜 스리 치리 시리 결랄붜뷜러발랄
디 히리 벌랄비 뮐랄저러니달니 혈랄달
니 뭐러 져 져 져 져 히리 미리 이결타
탑기 탑규루 탈리 탈리 미리 붜대 더대
구리 미리 앙규즈더비 얼리 기리 붜러기
리 규차셥믜리 징기 둔기 둔규리 후루 후
루 후루 규루 슐두미리 미리디 미리대
뷘자더 허러 히리 후루 후루루

츰부다라니

츰부 츰부 츰츰부 아가셔츰부 바결랍츰
부 암발랍츰부 비리츰부 발졀랍츰부 아
루가츰부 담뭐츰부 살더뭐츰부 살더닐하
뭐츰부 비바루가 찰뭐츰부 우뭐셤뭐츰부
내여나츰부 뷜랄여삼므디랄나츰부 찰나
츰부 비실바리여츰부 셔살더랄바츰부 비
어자수재 맘히리 담미 셤미 잡결랍시 잡
결랍뭐 스리 치리 시리 결랄뭐뷜러발랄
디 히리 벌랄비 뭘랄저러니달니 헐랄달
니 뭐러 져 져 져 져 히리 미리 이결타
탑기 탑규루 탈리 탈리 미리 뭐대 더대
구리 미리 앙규즈더비 얼리 기리 뭐러기
리 규차셤믜리 징기 둔기 둔규리 후루 후
루 후루 규루 술두미리 미리디 미리대
뷘자더 허러 히리 후루 후루루

츰부다라니

츰부 츰부 츰츰부 아가셔츰부 바결랍츰
부 암발랍츰부 비라츰부 발졀랍츰부 아
루가츰부 담뭐츰부 살더뭐츰부 살더닐하
뭐츰부 비바루가 찰뭐츰부 우뭐셤뭐츰부
내여나츰부 뷜랄여삼므디랄나츰부 찰나
츰부 비실바리여츰부 셔살더랄바츰부 비
어자수재 맘히리 담미 셤미 잡결랍시 잡
결랍뭐 스리 치리 시리 결랄뭐뷜러발랄
디 히리 벌랄비 뭘랄저러니달니 헐랄달
니 뭐러 져 져 져 져 히리 미리 이결타
탑기 탑규루 탈리 탈리 미리 뭐대 더대
구리 미리 앙규즈더비 얼리 기리 뭐러기
리 규차셤믜리 징기 둔기 둔규리 후루 후
루 후루 규루 술두미리 미리디 미리대
뷘자더 허러 히리 후루 후루루

츰부다라니

츰부 츰부 츰츰부 아가셔츰부 바결랍츰
부 암발랍츰부 비라츰부 발졀랍츰부 아
루가츰부 담뭐츰부 살더뭐츰부 살더닐하
뭐츰부 비바루가 찰뭐츰부 우뭐셤뭐츰부
내여나츰부 뭘랄여삼므디랄나츰부 찰나
츰부 비실바리여츰부 셔살더랄바츰부 비
어자수재 맘히리 담미 셤미 잡결랍시 잡
결랍뭐 스리 치리 시리 결랄뭐뭘러발랄
디 히리 벌랄비 뭘랄저러니달니 헐랄달
니 뭐러 져 져 져 져 히리 미리 이결타
탑기 탑규루 탈리 탈리 미리 뭐대 더대
구리 미리 앙규즈더비 얼리 기리 뭐러기
리 규차셥믜리 징기 둔기 둔규리 후루 후
루 후루 규루 슐두미리 미리디 미리대
뭔자더 허러 히리 후루 후루루

츰부다라니

츰부 츰부 츰츰부 아가셔츰부 바결랍츰
부 암발랍츰부 비라츰부 발졀랍츰부 아
루가츰부 담뭐츰부 살더뭐츰부 살더닐하
뭐츰부 비바루가 찰뭐츰부 우뭐셤뭐츰부
내여나츰부 뷜랄여삼므디랄나츰부 찰나
츰부 비실바리여츰부 셔살더랄바츰부 비
어자수재 맘히리 담미 셤미 잡결랍시 잡
결랍뭐 스리 치리 시리 결랄뭐뷜러발랄
디 히리 벌랄비 뷜랄저러니달니 혈랄달
니 뭐러 져 져 져 져 히리 미리 이결타
탑기 탑규루 탈리 탈리 미리 뭐대 더대
구리 미리 앙규즈더비 얼리 기리 뭐러기
리 규차셤믜리 징기 둔기 둔규리 후루 후
루 후루 규루 슬두미리 미리디 미리대
뷘자더 허러 히리 후루 후루루

츰부다라니

츰부 츰부 츰츰부 아가셔츰부 바곌랍츰
부 암발랍츰부 비라츰부 발쪌랍츰부 아
루가츰부 담뭐츰부 살더뭐츰부 살더닐하
뭐츰부 비바루가 찰뭐츰부 우뭐셤뭐츰부
내여나츰부 뮐랄여삼므디랄나츰부 찰나
츰부 비실바리여츰부 셔살더랄바츰부 비
어자수재 맘히리 담미 셤미 잡곌랍시 잡
곌랍뭐 스리 치리 시리 곌랄뭐뮐러발랄
디 히리 벌랄비 뮐랄저러니달니 헐랄달
니 뭐러 져 져 져 져 히리 미리 이곌타
탑기 탑규루 탈리 탈리 미리 뭐대 더대
구리 미리 앙규즈더비 얼리 기리 뭐러기
리 규차셤믜리 징기 둔기 둔규리 후루 후
루 후루 규루 술두미리 미리디 미리대
뷘자더 허러 히리 후루 후루루

츰
부
다
라
니
95

츰부다라니

츰부 츰부 츰츰부 아가셔츰부 바결랍츰
부 암발랍츰부 비라츰부 발절랍츰부 아
루가츰부 담뭐츰부 살더뭐츰부 살더닐하
뭐츰부 비바루가 찰뭐츰부 우뭐셤뭐츰부
내여나츰부 뤌랄여삼므디랄나츰부 찰나
츰부 비실바리여츰부 셔살더랄바츰부 비
어자수재 맘히리 담미 셤미 잡결랍시 잡
결랍뭐 스리 치리 시리 결랄뭐뤌러발랄
디 히리 벌랄비 뤌랄저러니달니 혈랄달
니 뭐러 져 져 져 져 히리 미리 이결타
탑기 탑규루 탈리 탈리 미리 뭐대 더대
구리 미리 앙규즈더비 얼리 기리 뭐러기
리 규차셤믜리 징기 둔기 둔규리 후루 후
루 후루 규루 슬두미리 미리디 미리대
뷘자더 허러 히리 후루 후루루

츰부다라니

츰부 츰부 츰츰부 아가셔츰부 바결랍츰
부 암발랍츰부 비라츰부 발졀랍츰부 아
루가츰부 담붜츰부 살더붜츰부 살더닐하
붜츰부 비바루가 찰붜츰부 우붜셥붜츰부
내여나츰부 뷜랄여삼므디랄나츰부 찰나
츰부 비실바리여츰부 셔살더랄바츰부 비
어자수재 맘히리 담미 셥미 잡결랍시 잡
결랍붜 스리 치리 시리 결랄붜뷜러발랄
디 히리 벌랄비 뷜랄저러니달니 헐랄달
니 붜러 져 져 져 져 히리 미리 이결타
탑기 탑규루 탈리 탈리 미리 붜대 더대
구리 미리 앙규즈더비 얼리 기리 붜러기
리 규차셥믜리 징기 둔기 둔규리 후루 후
루 후루 규루 슬두미리 미리디 미리대
뷘자더 허러 히리 후루 후루루

츰부다라니

츰부 츰부 츰츰부 아가셔츰부 바결랍츰
부 암발랍츰부 비라츰부 발절랍츰부 아
루가츰부 담붜츰부 살더붜츰부 살더닐하
붜츰부 비바루가 찰붜츰부 우붜셤붜츰부
내여나츰부 뷜랄여삼므디랄나츰부 찰나
츰부 비실바리여츰부 셔살더랄바츰부 비
어자수재 맘히리 담미 셤미 잡결랍시 잡
결랍붜 스리 치리 시리 결랄붜뷜러발랄
디 히리 벌랄비 뷜랄저러니달니 헐랄달
니 붜러 져 져 져 져 히리 미리 이결타
탑기 탑규루 탈리 탈리 미리 붜대 더대
구리 미리 앙규즈더비 얼리 기리 붜러기
리 규차셤믜리 징기 둔기 둔규리 후루 후
루 후루 규루 슐두미리 미리디 미리대
뷘자더 허러 히리 후루 후루루

츰부다라니

츰부 츰부 츰츰부 아가셔츰부 바결랍츰
부 암발랍츰부 비라츰부 발졀랍츰부 아
루가츰부 담뭐츰부 살더뭐츰부 살더닐하
뭐츰부 비바루가 찰뭐츰부 우뭐셤뭐츰부
내여나츰부 뷜랄여삼므디랄나츰부 찰나
츰부 비실바리여츰부 셔살더랄바츰부 비
어자수재 맘히리 담미 셤미 잡결랍시 잡
결랍뭐 스리 치리 시리 결랄뭐뷜러발랄
디 히리 벌랄비 뮐랄저러니달니 혈랄달
니 뭐러 져 져 져 져 히리 미리 이결타
탑기 탑규루 탈리 탈리 미리 뭐대 더대
구리 미리 앙규즈더비 얼리 기리 뭐러기
리 규차섬믜리 징기 둔기 둔규리 후루 후
루 후루 규루 술두미리 미리디 미리대
뷘자더 허러 히리 후루 후루루

츰부다라니

츰부 츰부 츰츰부 아가셔츰부 바졀람츰
부 암발람츰부 비라츰부 발졀람츰부 아
루가츰부 담뭐츰부 살더뭐츰부 살더닐하
뭐츰부 비바루가 찰뭐츰부 우뭐셤뭐츰부
내여나츰부 뷜랄여삼므디랄나츰부 찰나
츰부 비실바리여츰부 셔살더랄바츰부 비
어자수재 맘히리 담미 셤미 잡졀람시 잡
졀람뭐 스리 치리 시리 졀랄뭐뷜러발랄
디 히리 벌랄비 뷜랄져러니달니 혈랄달
니 뭐러 져 져 져 져 히리 미리 이졀타
탑기 탑규루 탈리 탈리 미리 뭐대 더대
구리 미리 앙규즈더비 얼리 기리 뭐러기
리 규차셤미리 징기 둔기 둔규리 후루 후
루 후루 규루 슬두미리 미리디 미리대
뷘자더 허러 히리 후루 후루루

츰부다라니

츰부 츰부 츰츰부 아가셔츰부 바결랍츰
부 암발랍츰부 비라츰부 발졀랍츰부 아
루가츰부 담뭐츰부 살더뭐츰부 살더닐하
뭐츰부 비바루가 찰뭐츰부 우뭐셤뭐츰부
내여나츰부 뷜랄여삼므디랄나츰부 찰나
츰부 비실바리여츰부 셔살더랄바츰부 비
어자수재 맘히리 담미 셤미 잡결랍시 잡
결랍뭐 스리 치리 시리 결랄뭐뷜러발랄
디 히리 벌랄비 뷜랄저러니달니 혈랄달
니 뭐러 져 져 져 져 히리 미리 이결타
탑기 탑규루 탈리 탈리 미리 뭐대 더대
구리 미리 앙규즈더비 얼리 기리 뭐러기
리 규차셤믜리 징기 둔기 둔규리 후루 후
루 후루 규루 슬두미리 미리디 미리대
뷘자더 허러 히리 후루 후루루

츰부다라니

츰부 츰부 츰츰부 아가셔츰부 바결랍츰
부 암발랍츰부 비라츰부 발졀랍츰부 아
루가츰부 담뭐츰부 살더뭐츰부 살더닐하
뭐츰부 비바루가 찰뭐츰부 우뭐셥뭐츰부
내여나츰부 별랄여삼므디랄나츰부 찰나
츰부 비실바리여츰부 셔살더랄바츰부 비
어자수재 맘히리 담미 셥미 잡결랍시 잡
결랍뭐 스리 치리 시리 결랄뭐별러발랄
디 히리 벌랄비 뭘랄저러니달니 헐랄달
니 뭐러 져 져 져 져 히리 미리 이결타
탑기 탑규루 탈리 탈리 미리 뭐대 더대
구리 미리 앙규즈더비 얼리 기리 뭐러기
리 규차셥믜리 징기 둔기 둔규리 후루 후
루 후루 규루 술두미리 미리디 미리대
뷘자더 허러 히리 후루 후루루

츰부다라니

츰부 츰부 츰츰부 아가셔츰부 바결랍츰
부 암발랍츰부 비라츰부 발절랍츰부 아
루가츰부 담뭐츰부 살더뭐츰부 살더닐하
뭐츰부 비바루가 찰뭐츰부 우뭐셥뭐츰부
내여나츰부 뷜랄여삼므디랄나츰부 찰나
츰부 비실바리여츰부 셔살더랄바츰부 비
어자수재 맘히리 담미 셥미 잡결랍시 잡
결랍뭐 스리 치리 시리 결랄뭐뷜러발랄
디 히리 벌랄비 뷜랄저러니달니 헐랄달
니 뭐러 져 져 져 져 히리 미리 이결타
탑기 탑규루 탈리 탈리 미리 뭐대 더대
구리 미리 앙규즈더비 얼리 기리 뭐러기
리 규차셥믜리 징기 둔기 둔규리 후루 후
루 후루 규루 슬두미리 미리디 미리대
뷘자더 허러 히리 후루 후루루

츰부다라니

츰부 츰부 츰츰부 아가셔츰부 바결랍츰
부 암발랍츰부 비라츰부 발졀랍츰부 아
루가츰부 담뭐츰부 살더뭐츰부 살더닐하
뭐츰부 비바루가 찰뭐츰부 우뭐셥뭐츰부
내여나츰부 뷜랄여삼므디랄나츰부 찰나
츰부 비실바리여츰부 셔살더랄바츰부 비
어자수재 맘히리 담미 셥미 잡결랍시 잡
결랍뭐 스리 치리 시리 결랄뭐뷜러발랄
디 히리 벌랄비 뷜랄져러니달니 헐랄달
니 뭐러 져 져 져 져 히리 미리 이결타
탑기 탑규루 탈리 탈리 미리 뭐대 더대
구리 미리 앙규즈더비 얼리 기리 뭐러기
리 규차셥믜리 징기 둔기 둔규리 후루 후
루 후루 규루 슐두미리 미리디 미리대
뭔자더 허러 히리 후룩 후루루

츰부다라니

츰부 츰부 츰츰부 아가셔츰부 바결랍츰
부 암발랍츰부 비라츰부 발졀랍츰부 아
루가츰부 담뭐츰부 살더뭐츰부 살더닐하
뭐츰부 비바루가 찰뭐츰부 우뭐셥뭐츰부
내여나츰부 뷜랄여삼므디랄나츰부 찰나
츰부 비실바리여츰부 셔살더랄바츰부 비
어자수재 맘히리 담미 셥미 잡결랍시 잡
결랍뭐 스리 치리 시리 결랄뭐뷜러발랄
디 히리 벌랄비 뭘랄져러니달니 헐랄달
니 뭐러 져 져 져 져 히리 미리 이결타
탑기 탑규루 탈리 탈리 미리 뭐대 더대
구리 미리 앙규즈더비 얼리 기리 뭐러기
리 규차셥믜리 징기 둔기 둔규리 후루 후
루 후루 규루 술두미리 미리디 미리대
뷘자더 허러 히리 후루 후루루

츰부다라니

츰부 츰부 츰츰부 아가셔츰부 바결랍츰
부 암발랍츰부 비라츰부 발졀랍츰부 아
루가츰부 담뭐츰부 살더뭐츰부 살더닐하
뭐츰부 비바루가 찰뭐츰부 우뭐셥뭐츰부
내여나츰부 뷜칼여삼므디랄니츰부 찰나
츰부 비실바리여츰부 셔살더랄바츰부 비
어자수재 맘히리 담미 셥미 잡결랍시 잡
결랍뭐 스리 치리 시리 결랄뭐뷜러발랄
디 히리 벌랄비 뭘랄저러니달니 헐랄달
니 뭐러 져 져 져 져 히리 미리 이결타
탑기 탑규루 탈리 탈리 미리 뭐대 더대
구리 미리 앙규즈더비 얼리 기리 뭐러기
리 규차셥믜리 징기 둔기 둔규리 후루 후
루 후루 규루 슐두미리 미리디 미리대
뷘자더 허러 히리 후루 후루루

츰부다라니

츰부 츰부 츰츰부 아가셔츰부 바결랍츰
부 암발랍츰부 비라츰부 발졀랍츰부 아
루가츰부 담뭐츰부 살더뭐츰부 살더닐하
뭐츰부 비바루가 찰뭐츰부 우뭐셤뭐츰부
내여나츰부 뷜랄여삼므디랄나츰부 찰나
츰부 비실바리여츰부 셔살더랄바츰부 비
어자수재 맘히리 담미 셤미 잡결랍시 잡
결랍뭐 스리 치리 시리 결랄뭐뷜러발랄
디 히리 벌랄비 뷜랄저러니달니 헐랄달
니 뭐러 져 져 져 져 히리 미리 이결타
탑기 탑규루 탈리 탈리 미리 뭐대 더대
구리 미리 앙규즈더비 얼리 기리 뭐러기
리 규차셤믜리 징기 둔기 둔규리 후루 후
루 후루 규루 술두미리 미리디 미리대
뷘자더 허러 히리 후루 후루루

츰부다라니

츰부 츰부 츰츰부 아가셔츰부 바결랍츰
부 암발랍츰부 비라츰부 발젤랍츰부 아
루가츰부 담뭐츰부 살더뭐츰부 살더닐하
뭐츰부 비바루가 찰뭐츰부 우뭐셥뭐츰부
내여나츰부 뷜랄여삼므디랄나츰부 찰나
츰부 비실바리여츰부 셔살더랄바츰부 비
어자수재 맘히리 담미 셥미 잡결랍시 잡
결랍뭐 스리 치리 시리 결랄뭐뷜러발랄
디 히리 벌랄비 뭘랄저러니달니 헐랄달
니 뭐러 져 져 져 져 히리 미리 이결타
탑기 탑규루 탈리 탈리 미리 뭐대 더대
구리 미리 앙규즈더비 얼리 기리 뭐러기
리 규차셥미리 징기 둔기 둔규리 후루 후
루 후루 규루 술두미리 미리디 미리대
뷘자더 허러 히리 후루 후루루

츰부다라니 공덕

지장보살마하살이 말씀하셨다.

"이 다라니는 일체의 선한 법을 증장시키니, 부처님의 거룩한 가르침을 흥성케 하고 오래 머무르게 하여 삼계의 중생들을 다 이롭고 안락하게 합니다.

일체의 사업을 잘 이루도록 하며, 선행으로 이끌어 주며, 지혜의 광명을 키우며, 기쁨과 즐거움·재물과 보배 등을 늘려주며, 훌륭한 힘을 갖추도록 하며, 일체의 지혜를 힘차고 예리하게 하여 온갖 번뇌를 깨뜨리는 다라니입니다.

지장보살마하살이 이렇게 말씀하시자, 한량없는 온갖 하늘의 묘한 향과 꽃과 보배 등이 비처럼 쏟아졌다.

-『지장십륜경』「서품」중에서 -

사 경 본
츰 부 다 라 니

2019(불기2563)년 4월 23일 초판 1쇄 인쇄
2023(불기2567)년 12월 21일 초판 2쇄 발행

편 집 · 편 집 실
발행인 · 김 동 금
만든곳 · 우리출판사

서울특별시 서대문구 경기대로9길 62
☎ (02) 313-5047, 313-5056
Fax. (02) 393-9696
wooribooks@hanmail.net
www.wooribooks.com
등록 : 제9-139호

ISBN 978-89-7561-340-1 13220

정가 6,000원